Cartographie : Paul Coulbois
Illustrations : Marguerite Courtieu

ISBN 978-2-07-065002-6

Loi n° 49-956 du 16 juillet 1949
sur les publications destinées à la jeunesse
1er dépôt légal: avril 2013
Dépôt légal : décembre 2014
N° d'édition: 280180
Photogravure: Scanplus
Imprimé par Egedsa (Espagne)

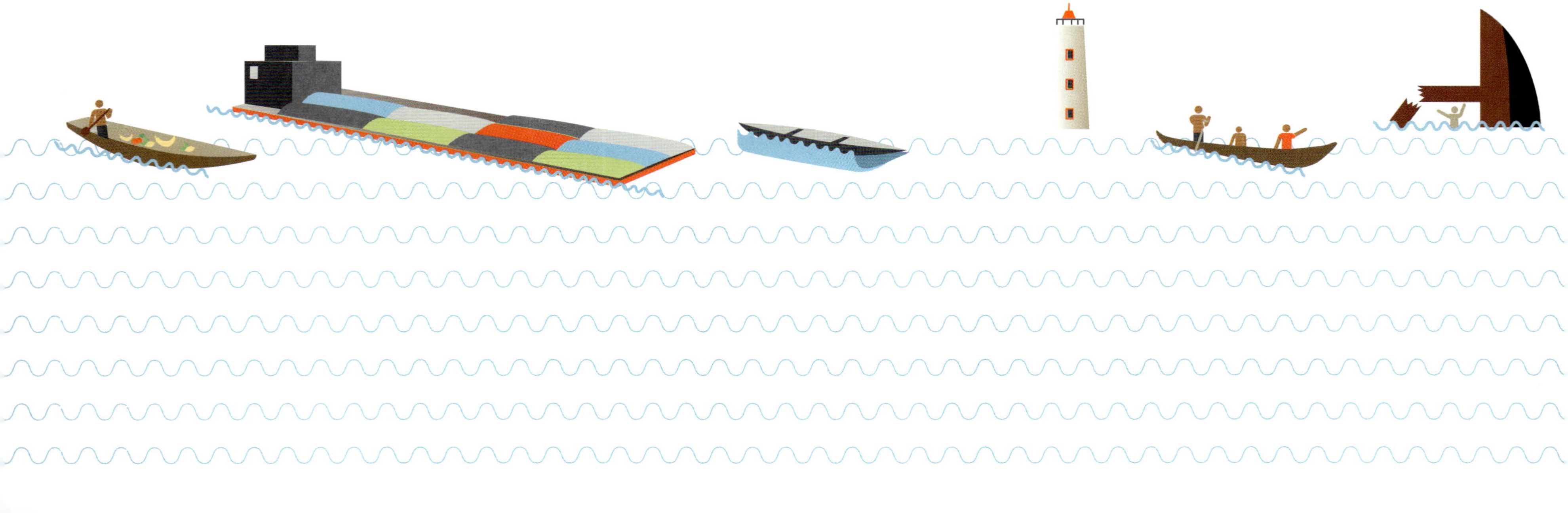

Les fleuves autour du monde

Élisabeth Combres

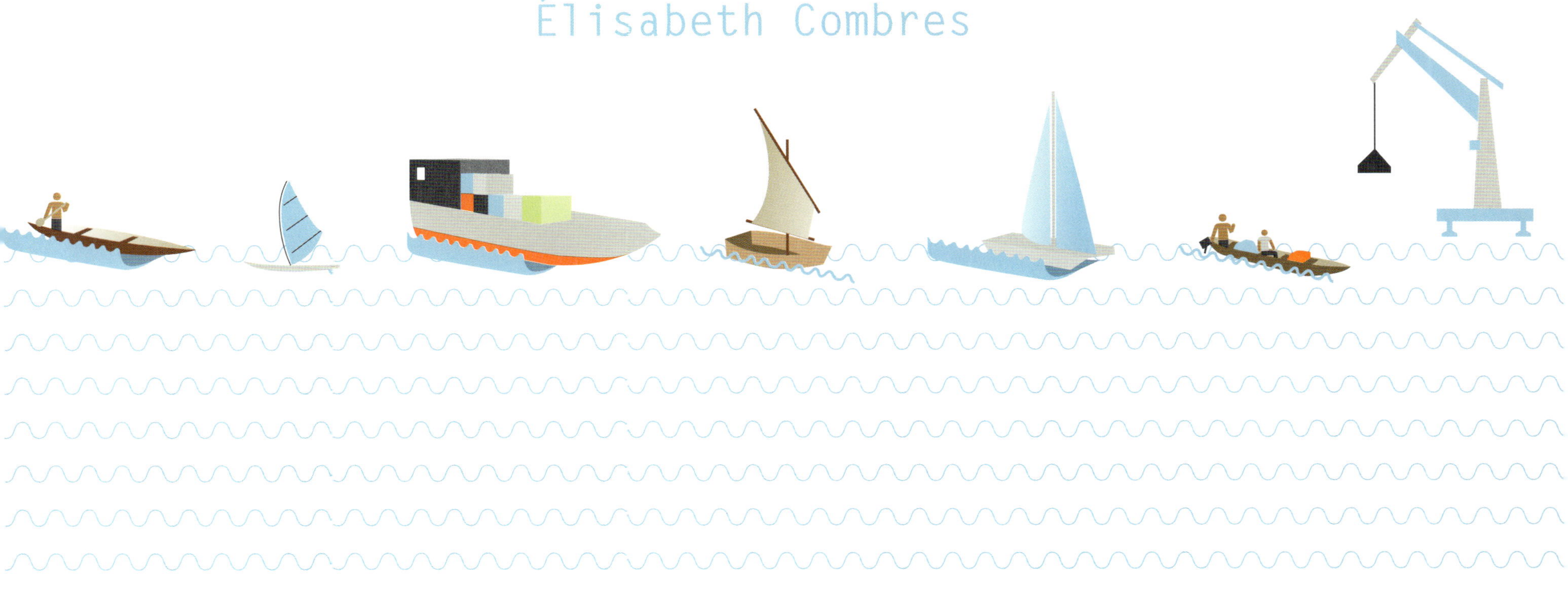

Sommaire

Amérique du Nord
Saint-Laurent p.4
Colorado p.8
Mississipi p.6
Océan Atlantiqu
Rio Grande p.12
Orénoque p.14
Océan Pacifique
Amazone p.16
Amérique du Sud
Paraná p.18

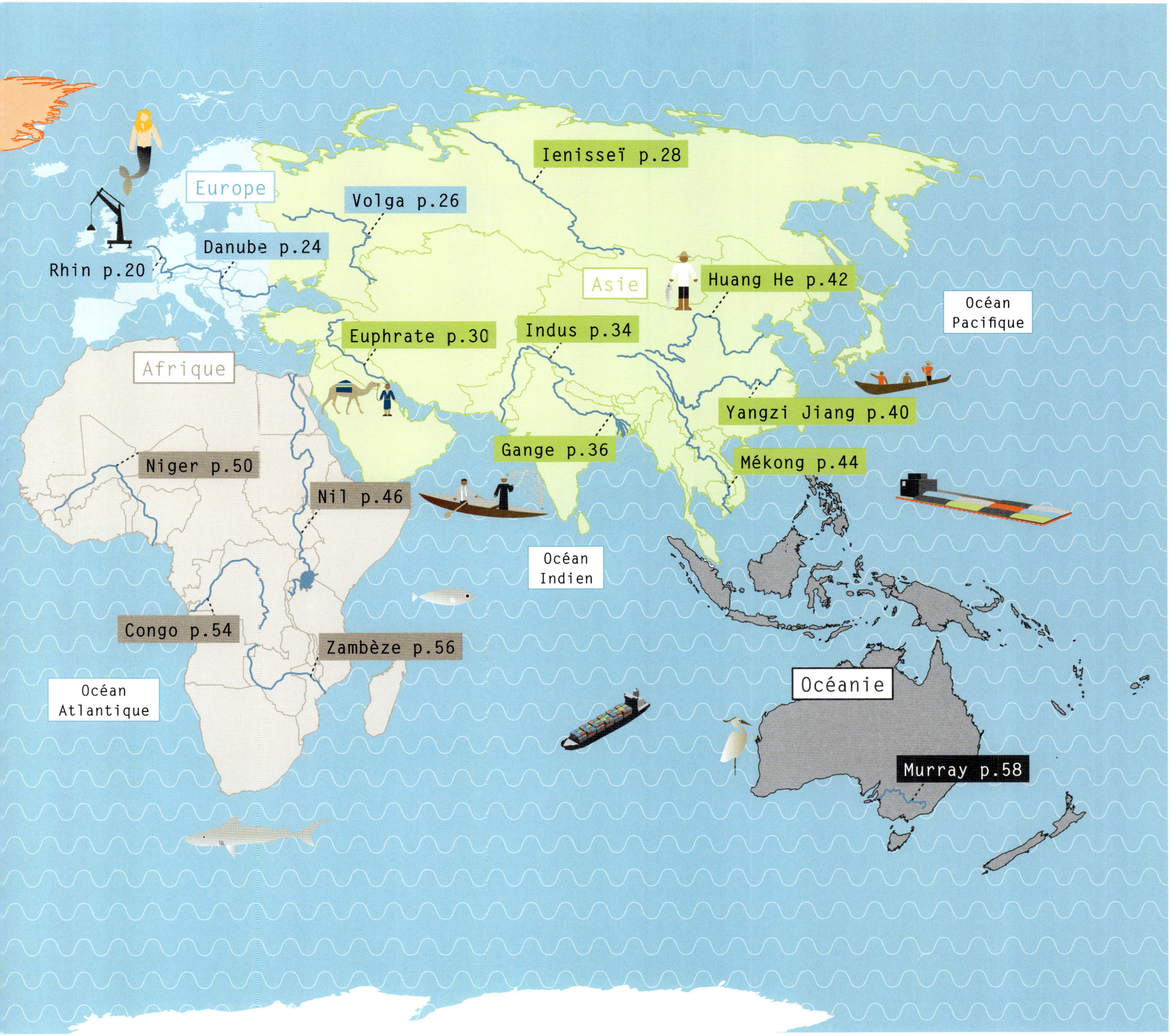
Europe
Rhin p.20
Danube p.24
Volga p.26
Ienisseï p.28
Euphrate p.30
Indus p.34
Gange p.36
Asie
Huang He p.42
Yangzi Jiang p.40
Mékong p.44
Océan Pacifique
Afrique
Niger p.50
Nil p.46
Congo p.54
Zambèze p.56
Océan Indien
Océan Atlantique
Océanie
Murray p.58

Le Saint-Laurent est une voie de navigation essentielle entre l'Océan et les Grands Lacs, le cœur industriel de l'Amérique du Nord. Parsemé d'îles, soumis à de forts courants, c'est aussi un fleuve sauvage et fragile.

Le Saint-Laurent

Pont sur le Saint-Laurent à Trois-Rivières, à mi-chemin entre Québec et Montréal

Les lacs, le fleuve, l'Océan

Le Saint-Laurent est un fleuve court, mais ses extrémités sont immenses. Il prend sa source dans les Grands Lacs, la plus vaste étendue d'eau douce de la planète, sur la frontière entre les États-Unis et le Canada. Après la ville de Québec, ses rives s'écartent pour former un gigantesque estuaire, qui s'ouvre à son tour sur un large golfe. Le Saint-Laurent forme, avec les Grands Lacs, une voie de navigation de 3 260 km. Cargos et porte-conteneurs s'y croisent, reliant les ports sur les lacs, Chicago, Detroit, Cleveland, Toronto, aux ports sur le fleuve, Montréal en tête, et à l'Océan. Pour arriver dans la capitale du Québec, ces géants des mers empruntent des canaux et des écluses dont la construction a commencé au XIXe siècle. Auparavant, il fallait descendre de tumultueux rapides pour rejoindre les parties calmes du fleuve, puis l'Océan.

FICHE D'IDENTITÉ

- Longueur : 1140 km
- Débit moyen : 12 600 m^3/s
- Bassin : 1 030 000 km^2
- Source : Lac Ontario, à 74 m d'altitude, aux États-Unis
- Embouchure : Océan Atlantique
- Pays traversés (ou frontaliers) : États-Unis, Canada
- Principales villes traversées : Kingston, Montréal, Trois-Rivières, Québec, Sept-Îles

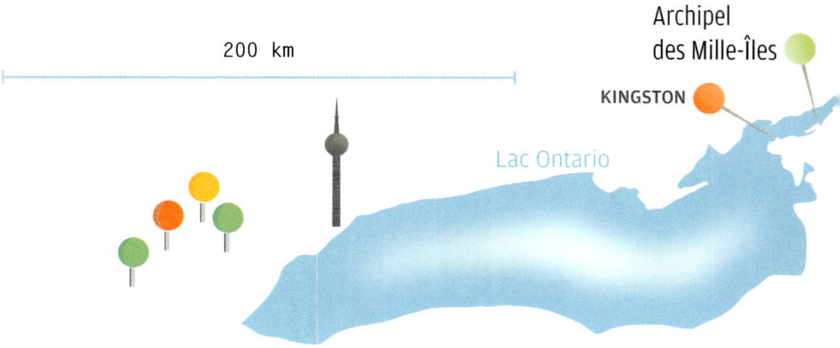

La Nouvelle-France

En 1534, le navigateur français Jacques Cartier découvrit le golfe du Saint-Laurent... mais ne trouva pas l'embouchure du fleuve ! Il revint en 1535, accompagné d'Indiens capturés l'année précédente. Il remonta alors le fleuve jusqu'à Hochelaga, l'actuel Montréal, puis fut bloqué par les rapides de Lachine. Mais ce n'est qu'en 1608 que commença la colonisation, quand Samuel de Champlain créa Québec, la première ville de la Nouvelle-France.

Jacques Cartier (1491-1557), le premier explorateur européen du golfe du Saint-Laurent

Géants de l'estuaire

Là où le Saguenay rejoint le Saint-Laurent, la profondeur de l'estuaire avoisine les 300 m. Les eaux du fleuve, de la rivière et de la mer se mélangent, créant des remontées d'eau froide qui favorisent l'accumulation de plancton. Ces animaux minuscules sont appréciés par les poissons et par des mammifères marins tels que la baleine bleue, la baleine à bosse, les rorquals, le marsouin ou le béluga.

Nageoire caudale d'un béluga, une espèce menacée

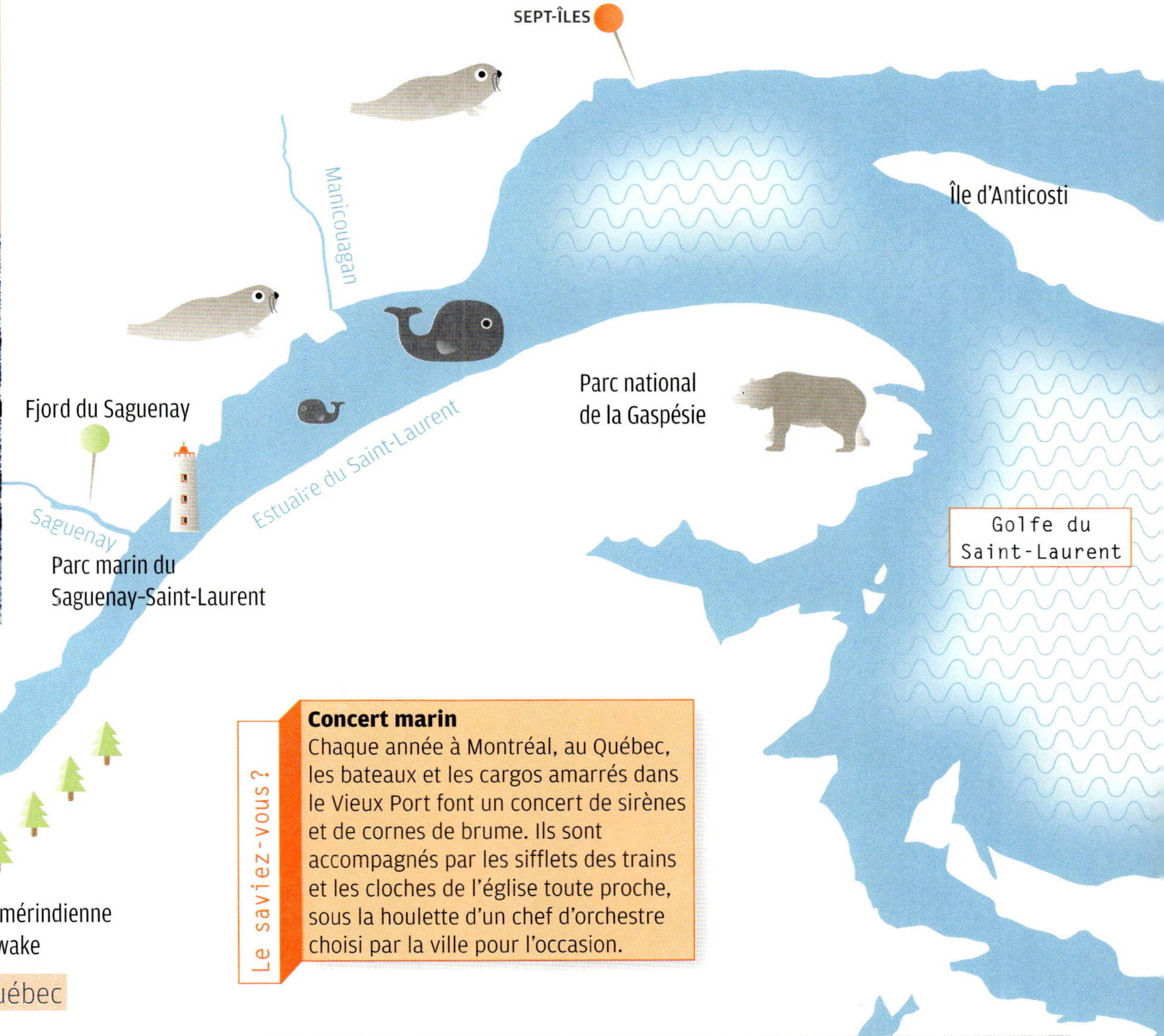

Le saviez-vous ?

Concert marin

Chaque année à Montréal, au Québec, les bateaux et les cargos amarrés dans le Vieux Port font un concert de sirènes et de cornes de brume. Ils sont accompagnés par les sifflets des trains et les cloches de l'église toute proche, sous la houlette d'un chef d'orchestre choisi par la ville pour l'occasion.

Pilotes et brise-glaces

La navigation est très dangereuse sur le Saint-Laurent. Les marées y sont fortes, les courants nombreux. Le fleuve est parsemé d'îles et de hauts-fonds. Aussi, les plus gros bateaux qui veulent remonter jusqu'à Montréal sont conduits par des pilotes canadiens, spécialistes du fleuve. En hiver, l'eau du Saint-Laurent gèle. Des brise-glaces assurent alors la destruction des bouchons de glace, qui pourraient provoquer des inondations.

Navire brise-glace dans les eaux du Saint-Laurent près de Québec

Guerre civile, esclavage, coton, blues et rock'n'roll : le Mississippi raconte l'histoire du sud des États-Unis. Surnommé « Grand Boueux », « Père des Eaux » ou « Cœur de la Nation », il a inspiré écrivains, peintres, cinéastes.

Le Mississippi

Bateau à vapeur sur le Mississippi à La Nouvelle-Orléans

FICHE D'IDENTITÉ

Longueur : 3780 km

Débit moyen : 18400 m³/s (6ᵉ mondial)

Bassin : 3222000 km² avec le Missouri (3ᵉ mondial)

Source : Lac Itasca, à 450 m d'altitude, dans l'État du Minnesota, aux États-Unis

Embouchure : Océan Atlantique

Pays traversé : États-Unis

Principales villes traversées : Minneapolis, Saint Paul, Saint Louis, Memphis, Vicksburg, Bâton-Rouge, La Nouvelle-Orléans

La mémoire du Sud

Le Mississippi est découvert en 1541 par un conquistador espagnol. Ses territoires sont ensuite disputés entre Espagnols, Français et Anglais avant de devenir américains aux XVIIIᵉ et XIXᵉ siècles. Entre 1861 et 1865, les régions sud du fleuve sont déchirées par la guerre de Sécession. Cette guerre civile américaine oppose les États du Sud, où les Noirs sont esclaves dans les champs de coton, aux États du Nord, prévoyant de mettre fin à l'esclavage. Libérés, les Noirs seront encore victimes d'un racisme violent jusqu'au milieu du XXᵉ siècle. Mais cette période sombre du passé des États-Unis a aussi permis d'écrire des pages essentielles de l'histoire de la musique. Au XIXᵉ siècle, le blues est créé par des esclaves noirs dans le delta du Mississippi. De cette musique naîtra le jazz à La Nouvelle-Orléans vers 1900 et le rock'n'roll à Memphis vers 1950.

Le « Grand Boueux »

Au sud, le Mississippi s'écoule en plaine en formant des méandres, de grandes boucles. Quand le printemps est chaud et orageux, le fleuve et ses affluents se gonflent de l'eau de la fonte des neiges et des averses cycloniques. Or, le Mississippi s'écoule sur un sol fait d'alluvions, un mélange de boue et de sable qu'il dépose chaque jour au fond de son lit. Aussi, ses berges sont fragiles, elles s'effondrent sous la puissance de l'eau de crue, qui menace alors villes, champs et habitations.

Gare de Vicksburg inondée lors de la crue du fleuve en mai 2011

Le saviez-vous ?

Expulsion des Indiens
En 1830, les États-Unis organisèrent la déportation vers l'Ouest de 60 000 Indiens, notamment Creeks et Cherokee vivant à l'est du Mississippi. Ils furent concentrés dans des réserves, en régions arides. Quant à leurs terres, fertiles ou riches en minerais, elles furent exploitées par les Américains blancs.

Dans les bayous

Le Mississippi rejoint la mer par un vaste delta formé de lacs, de lagunes tissées de mangroves et de bayous, bras morts du fleuve, paradis des cyprès chauves. Dans ces milieux vivent des alligators, des lamantins, des tatous, des pélicans, des hiboux, des écrevisses… Mais cette richesse est menacée, car le Mississippi a été profondément transformé depuis le début du XXe siècle (digues, canaux…) pour lutter contre les inondations et faciliter l'exploitation de gaz et de pétrole dans son delta.

Bayou dans la région de Bâton-Rouge

Enfants du fleuve

Le Mississippi a inspiré de nombreux écrivains. Parmi eux, l'Américain Mark Twain qui a publié, en 1876, « Les Aventures de Tom Sawyer ». Héros de plusieurs romans, Tom et son compagnon Huckleberry Finn vivent des aventures drôles et dramatiques dans un décor qui raconte le fleuve et l'histoire du sud des États-Unis.

Jeune acteur interprétant Huckleberry Finn dans le film « Tom Sawyer » (2011)

Le Colorado traverse le plus grand canyon du monde, dans les régions désertiques du Sud-Ouest américain. Le fleuve, qui alimente des villes et des cultures gourmandes en eau, souffre d'un assèchement grandissant.

Le Colorado

Canyons du Dead Horse Point, près de Moab, creusés au long des millénaires par le Colorado et la Green River

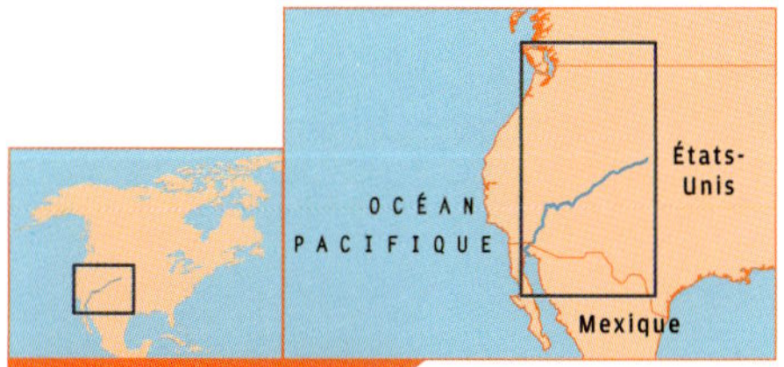

FICHE D'IDENTITÉ

Longueur : 2250 km
Débit moyen : 640 m^3/s
Bassin : 637 000 km^2
Source : Mont Richthofen, montagnes Rocheuses, à 3101 m d'altitude, aux États-Unis
Embouchure : Océan Pacifique
Pays traversés (ou frontaliers) : États-Unis, Mexique
Principales villes traversées : Rifle, Grand Junction, Yuma, San Luis

Sculpteur du Grand Canyon

Comme tous les fleuves, le Colorado creuse le sol, le ronge et l'érode pour faire son lit, se chargeant de débris et autres roches broyées qu'il emporte jusqu'à la mer. Mais ici le résultat ne ressemble à aucun autre. En 7 millions d'années, le Colorado a sculpté, dans le désert, le Grand Canyon, une gorge aux dimensions uniques : de 15 à 20 km de large, 1,6 km de profondeur et plus de 320 km de long. Aujourd'hui, ce site est l'une des premières destinations touristiques du monde. Quant au Colorado, il est devenu l'un des fleuves les plus transformés pour les besoins humains. Son cours et celui de ses affluents sont couverts de barrages et d'aménagements destinés à pomper l'eau pour l'agriculture et l'alimentation de grosses métropoles au milieu du désert.

Le saviez-vous ?

L'elfe et le géant

Dans le désert de Sonora vit le cactus saguaro. Ce géant végétal peut mesurer 15 m (un immeuble de cinq étages), peser 5 t (un petit camion) et vivre 150 ans. Son tronc et ses bras abritent souvent des nids d'oiseaux, dont celui de la plus petite chouette du monde : la chevêchette elfe, ou chouette des saguaros.

Spectacle musical de jets d'eau à l'hôtel Bellagio de Las Vegas

L'eau de Las Vegas

Le Colorado alimente en eau douce Las Vegas, cité aux casinos, hôtels de luxe et attractions connus dans le monde entier. Située dans le désert Mohave, le plus sec d'Amérique du Nord, la ville utilise l'eau de façon extravagante : fontaines, pelouses, terrains de golf, canaux, lagons et cascades, palmiers et autres plantes tropicales… Des mesures sont désormais prises contre les gaspillages d'eau dans une agglomération qui a vu sa population tripler en vingt ans.

Barrage Hoover, à la frontière du Nevada et de l'Arizona

Pénurie ?

Deux lacs gigantesques ont été créés sur le Colorado : le lac Mead en 1935, avec le barrage Hoover, et le lac Powell en 1962, avec le barrage de Glen Canyon. Ces lacs devaient être des réserves, mais leur eau est abondamment exploitée depuis des décennies. La sécheresse aidant, en 2005, le niveau du lac Mead avait baissé de moitié, perdant plus de 970 millions de mètres cubes d'eau (325 000 piscines olympiques). Des experts ont calculé que le lac pourrait être vide en 2021.

À la goutte près

L'eau du Colorado est partagée aux États-Unis entre sept États et utilisée par ceux qui détiennent les droits de l'exploiter. Ces droits ont été distribués au XIXe siècle selon le principe suivant : les ressources appartiennent au premier arrivé. Ce sont donc les descendants des pionniers de la conquête de l'Ouest, fermiers pour la plupart, qui les possèdent aujourd'hui.

La Vallée Impériale (Imperial Valley), en Californie

Comment exploiter l'eau des fleuves ?

L'eau des fleuves est aujourd'hui exploitée grâce à des barrages. Ces aménagements sont comme de grands murs troués placés en travers des cours d'eau. En amont du barrage, du côté de la source du fleuve, une partie de l'eau est retenue. Elle s'accumule et forme un lac artificiel, appelé réservoir, qui inonde les terres environnantes. En aval du barrage, du côté de l'embouchure du fleuve, le reste de l'eau continue son chemin. Le fleuve s'écoule donc plus faiblement qu'avant.

À QUOI SERVENT LES BARRAGES ?

Le réservoir d'eau douce créé par le barrage peut alimenter des villes grâce à de longs tuyaux, enterrés ou non, appelés aqueducs. Il peut être utilisé pour arroser des surfaces cultivées grâce à des canaux d'irrigation. Enfin, des centrales associées aux barrages peuvent transformer en électricité l'énergie de l'eau en mouvement. Pour cela, l'eau s'écoule du haut du barrage dans de gros tuyaux (conduites) et fait tourner des machines (turbines) reliées à des appareils produisant de l'électricité.

Barrage d'Itaipu sur le Paraná, à la frontière entre le Paraguay et le Brésil

COMMENT CONTRÔLER L'EAU DES FLEUVES ?

En cas de fortes pluies, le barrage peut laisser s'écouler plus d'eau. Des inondations sont ainsi évitées dans les régions situées en amont, du côté de la source du fleuve. À l'inverse, en cas de sécheresse, le barrage peut retenir plus d'eau, évitant ainsi la baisse du niveau du lac artificiel. Mais le risque est grand alors de priver d'eau les populations situées en aval du barrage, du côté de l'embouchure du fleuve.

Barrage des Trois Gorges, en Chine

Le Rio Grande - Río Bravo trace son chemin de canyons vertigineux en déserts parmi les plus secs du continent américain. Il dessine ensuite la frontière entre les États-Unis et le Mexique et serpente jusqu'à l'Atlantique.

Le Rio Grande - Río Bravo

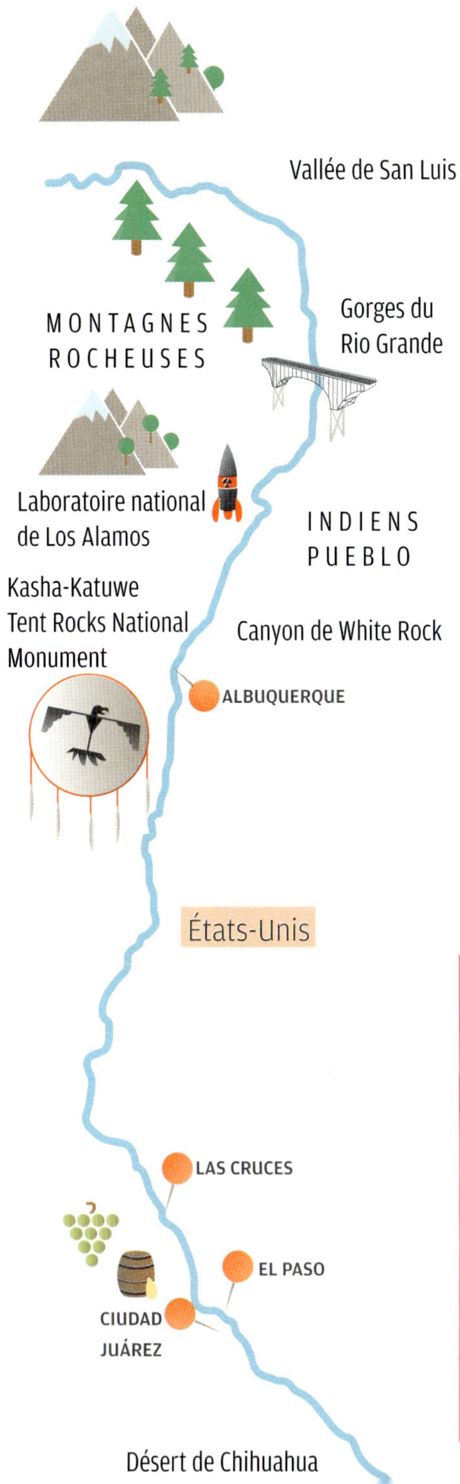

À la frontière de Piedras Negras, famille mexicaine traversant le Río Bravo pour tenter de rentrer illégalement aux États-Unis

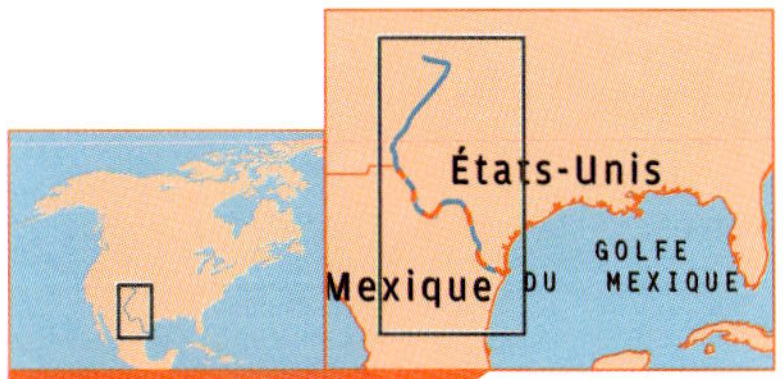

FICHE D'IDENTITÉ

Longueur : 3060 km

Débit moyen : 100 m³/s

Bassin : 896000 km²

Source : Massif de San Juan, montagnes Rocheuses, à 3700 m d'altitude, aux États-Unis

Embouchure : Océan Atlantique

Pays traversés (ou frontaliers) : États-Unis, Mexique

Principales villes traversées : Albuquerque, Las Cruces, El Paso, Ciudad Juárez, Piedras Negras, Matamoros

Le fleuve frontière

Appelé Rio Grande aux États-Unis et Río Bravo au Mexique, ce fleuve sépare ces deux pays sur 2018 km depuis 1848. Avant cette date, l'État américain du Texas était mexicain. Le Rio Grande - Río Bravo naît dans les montagnes Rocheuses, puis traverse des canyons et des déserts. À partir des villes jumelles El Paso (États-Unis) et Ciudad Juarez (Mexique), il devient frontière, jusqu'à la mer. Il est alors le lieu d'une importante immigration clandestine. Chaque jour, chaque nuit, de nombreux Mexicains tentent de le traverser pour rejoindre les États-Unis, où ils espèrent une vie meilleure. Mais le fleuve est dangereux et ses berges, bordées de barbelés, sont surveillées de près par la police des frontières, aidée par des volontaires en armes.

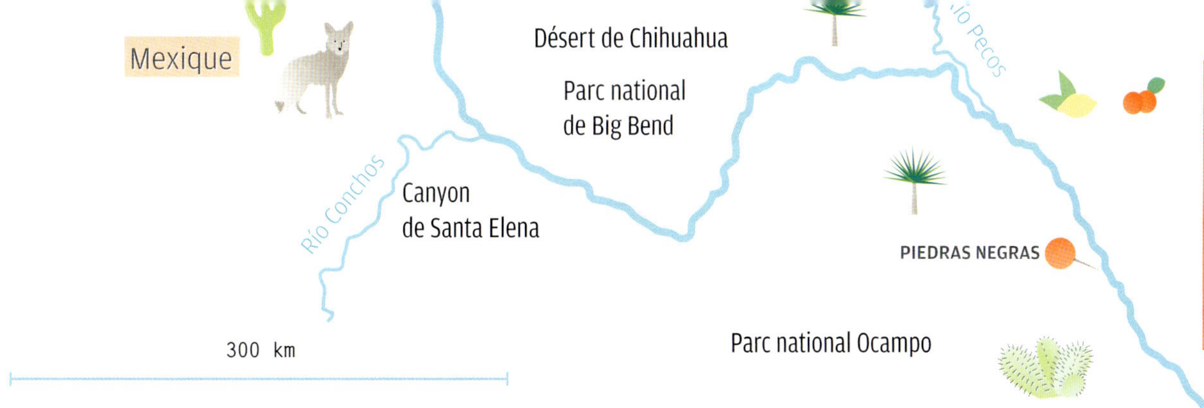

Le saviez-vous ?

Bip Bip et le coyote
Dans le désert de Chihuahua vit un drôle d'oiseau de 60 cm de haut : le grand géocoucou. C'est un oiseau qui vole mal mais peut courir jusqu'à 40 km/h. En 1949, il a inspiré Bip Bip, un personnage de dessin animé poursuivi par un coyote pas très malin, qui ne parvient jamais à l'attraper.

Les Indiens pueblo

La vallée du Rio Grande, dans l'État américain du Nouveau-Mexique, est une des régions d'origine des Pueblo. Ces Indiens ont construit, il y a plusieurs siècles, des maisons superposées en adobe (mélange de boue et de paille), dans des villages situés sur des hauteurs. En contrebas, dans les canyons, ils pratiquaient une agriculture irriguée : des canaux savamment installés menaient l'eau jusqu'à leurs plantations.

Le village pueblo de Taos, au Nouveau-Mexique, est encore partiellement habité.

À l'embouchure

Le delta est une zone de marais, de dunes et de lagunes, où le fleuve trace de grands méandres. Ces boucles se sont parfois fermées sur elles-mêmes pour former des circuits d'eau coupés du fleuve. Ces milieux abritent des centaines d'espèces d'oiseaux. Mais le delta est fragilisé, car le fleuve s'assèche sous l'effet des pompages tout au long de son cours. Certaines années, il n'atteint plus la mer.

La Laguna Madre à l'embouchure du Río Bravo

Le Rio Grande traverse le canyon de Santa Elena, dans l'État du Texas, aux États-Unis.

Au fond des canyons

Le fleuve traverse des régions riches en formations géologiques. Ainsi, le canyon de Santa Elena, sur la frontière mexicaine, est une étroite fissure qui s'ouvre sur des gorges vertigineuses au fond desquelles s'écoule le fleuve. Sur le site de Kasha-Katuwe, la lave, l'eau et le vent ont modelé, en plusieurs millions d'années, des roches en forme de corridors et de tipis indiens.

Fleuve puissant, l'Orénoque traverse des forêts profondes et de vastes plaines inondables. Son delta, gigantesque labyrinthe de canaux, est habité par des Indiens en étroite relation avec l'eau, la terre et la forêt.

L'Orénoque

FICHE D'IDENTITÉ

Longueur : 2160 km

Débit moyen : 31000 m³/s (4ᵉ mondial)

Bassin : 900000 km²

Source : Mont Delgado Chalbaud, massif des Guyanes, à 1047 m d'altitude, au Venezuela

Embouchure : Océan Atlantique

Pays traversés (ou frontaliers) : Venezuela, Colombie

Principales villes traversées : La Esmeralda, San Fernando de Atabapo, Puerto Ayacucho, Ciudad Bolivar, Ciudad Guayana

Indiens waraos naviguant sur une pirogue dans le delta de l'Orénoque au Venezuela

En pirogue

Au XVIᵉ siècle, Christophe Colomb entre en Amérique latine par l'Orénoque, suivi par des conquistadores envoyés par le royaume d'Espagne à la recherche de l'Eldorado, une cité remplie d'or qui n'existait pas. Le contact fut violent entre les Européens et les Amérindiens, premiers habitants du fleuve. Certains ont, malgré tout, survécu et conservé leurs traditions. Aujourd'hui, dans le delta de l'Orénoque, les Waraos vivent de chasse, de pêche, de cueillette, de quelques cultures et de la vente d'artisanat aux touristes. Installés au bord de l'eau, ils se protègent des crues et des marées en construisant des maisons sur pilotis, en bois et feuilles de palmiers, sans murs, reliées par des pontons.

Savant voyageur

L'Orénoque est exploré en 1800 par Alexander von Humboldt. Cet explorateur allemand a décrit l'étrange « canal » Casiquiare, une rivière qui prend sa source dans l'Orénoque et finit sa course dans l'Amazone. Humbold a laissé une œuvre considérable, sur les roches, les astres, les animaux, les plantes, les courants marins, les volcans, mais aussi, avec beaucoup d'humanité, sur les Amérindiens et l'esclavage.

Alexander von Humboldt (1769-1859)

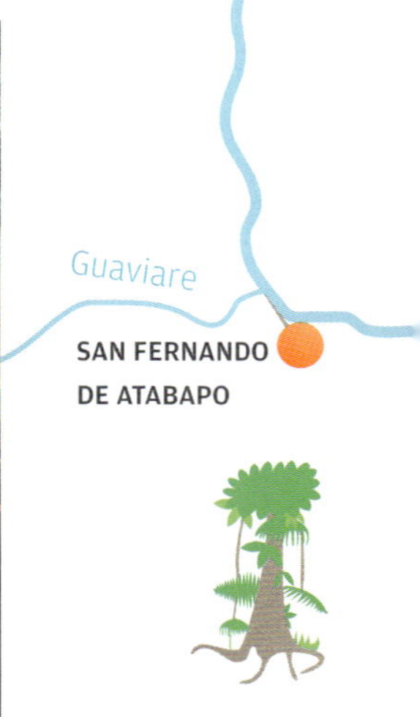

Du pétrole lourd

Le Venezuela possède, le long de l'Orénoque, de vastes réserves de pétrole. Mais cet « or noir » est, ici plus qu'ailleurs, lourd, difficile à récupérer et donc cher à exploiter. Toutefois, avec l'envolée des prix et l'épuisement des réserves à travers le monde, les compagnies pétrolières se tournent désormais vers l'Orénoque. Le Venezuela a prévu de développer très vite ces gisements, faisant naître des inquiétudes sur la protection du fleuve et de ses milieux naturels.

Puits de pétrole dans le delta de l'Orénoque, au Venezuela

Le saviez-vous ?

Naufragé solitaire
Dans un roman écrit par l'Anglais Daniel Defoe en 1719, Robinson Crusoé fait naufrage et parvient à survivre sur une île déserte : l'île de la Trinité, au large du delta de l'Orénoque. Ce roman, au succès considérable, inspira de nombreux écrivains, dont Jules Verne, qui publia « L'Île mystérieuse » en 1874.

Caïman à lunettes des eaux de l'Orénoque

Dans les Llanos

L'Orénoque traverse une vaste région de savane : les Llanos. Ces plaines sont presque sans arbres, sauf le long des cours d'eau. Certaines se transforment en lacs durant les périodes de fortes pluies. Les Llanos abritent, dans leurs parties protégées, une faune exceptionnelle : fourmiliers, jaguars, pumas, armadillos (tatous), cabiais (rongeurs géants), boas, caïmans… Le crocodile de l'Orénoque, l'une des plus grandes espèces du monde (jusqu'à 6 m), est en danger d'extinction.

L'Amazone est un fleuve géant qui traverse une forêt dense, d'une richesse animale et végétale sans équivalent. Autrefois terres des Amérindiens, ses berges sont désormais habitées par des populations aux origines multiples.

Piranha de l'Amazone et de ses affluents

L'Amazone

Méandres de l'Amazone au Brésil

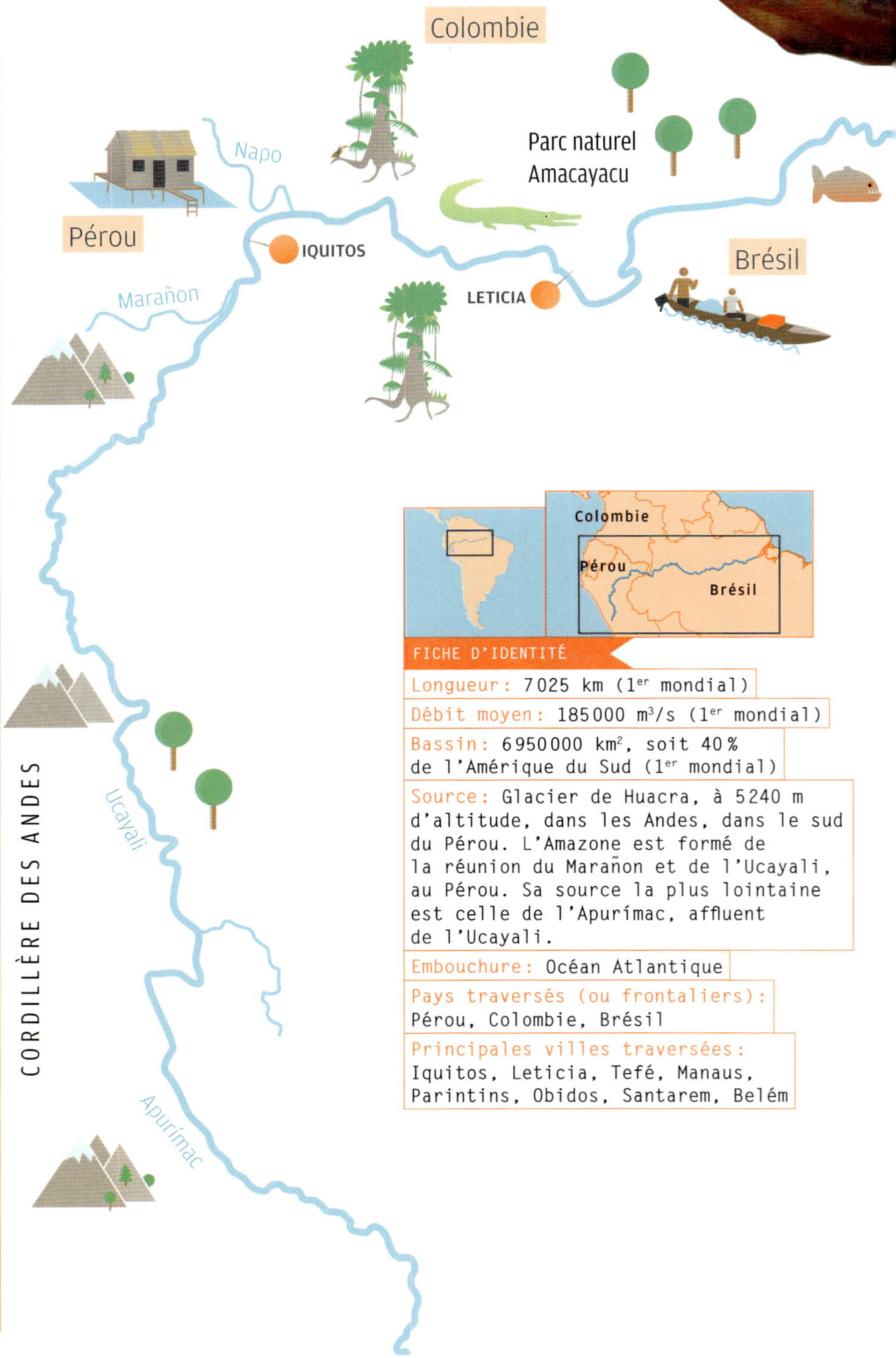

Fleuve de tous les records

L'Amazone est le plus long et le plus puissant de tous les fleuves. De sa source la plus lointaine, au Pérou, jusqu'à la mer, il parcourt 7 025 km. Son bassin recouvre près de la moitié de l'Amérique du Sud. Plus de cinq cents rivières viennent grossir ses eaux, vingt d'entre elles dépassant les 1 500 km de long. Son principal affluent, le Rio Negro, déplace autant d'eau que le Congo, fleuve géant d'Afrique noire. Le débit de l'Amazone est sans comparaison : il déverse chaque seconde dans la mer 185 000 m^3 d'eau, soit 185 millions de bouteilles d'un litre ou soixante piscines olympiques. Ce fleuve exceptionnel dessine un dédale infini de boucles, de lacs, de bras morts, d'îles et de marais, au cœur de l'Amazonie, la plus grande forêt équatoriale du monde.

FICHE D'IDENTITÉ

- **Longueur :** 7 025 km (1er mondial)
- **Débit moyen :** 185 000 m^3/s (1er mondial)
- **Bassin :** 6 950 000 km^2, soit 40 % de l'Amérique du Sud (1er mondial)
- **Source :** Glacier de Huacra, à 5 240 m d'altitude, dans les Andes, dans le sud du Pérou. L'Amazone est formé de la réunion du Marañon et de l'Ucayali, au Pérou. Sa source la plus lointaine est celle de l'Apurímac, affluent de l'Ucayali.
- **Embouchure :** Océan Atlantique
- **Pays traversés (ou frontaliers) :** Pérou, Colombie, Brésil
- **Principales villes traversées :** Iquitos, Leticia, Tefé, Manaus, Parintins, Obidos, Santarem, Belém

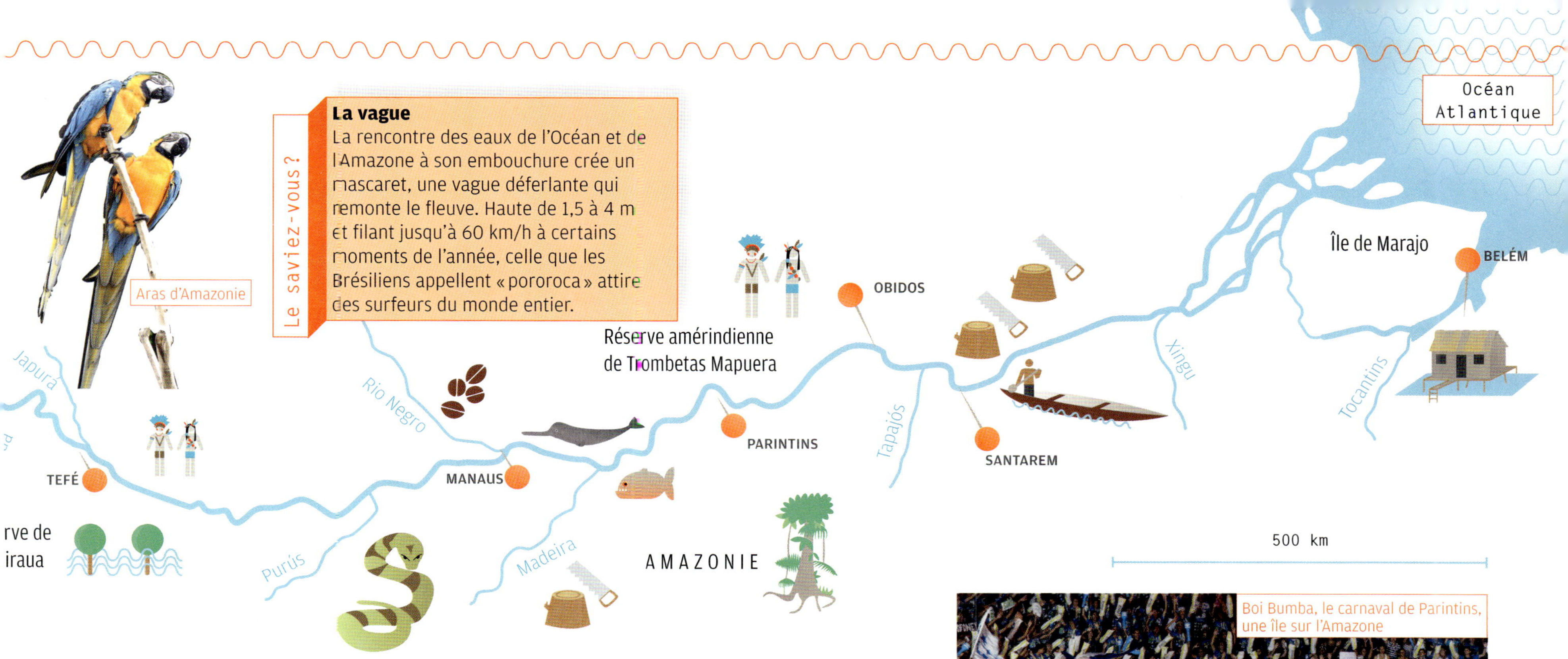

Aras d'Amazonie

Le saviez-vous ?

La vague
La rencontre des eaux de l'Océan et de l'Amazone à son embouchure crée un mascaret, une vague déferlante qui remonte le fleuve. Haute de 1,5 à 4 m et filant jusqu'à 60 km/h à certains moments de l'année, celle que les Brésiliens appellent « pororoca » attire des surfeurs du monde entier.

Vieux port de Manaus, au Brésil

À Manaus

Manaus est un port de près de 2 millions d'habitants situé à 1 450 km de la mer. La ville a connu un âge d'or au début du XXe siècle, grâce au commerce du caoutchouc, fabriqué avec le latex récolté sur les hévéas d'Amazonie. Un opéra fut construit à Manaus en 1896, surnommé « l'opéra de la jungle ». La ville était alors au cœur de la forêt. Depuis la déforestation entamée dans les années 1970, elle est cernée de cultures et d'industries.

Entre eau et forêt

L'Amazone est bordée de forêts inondées cinq à sept mois par an. Des arbres, le tronc dans l'eau, dispersent fruits et graines au fil du courant, que des poissons dotés de dents viennent croquer. Ceux-ci sont à leur tour appréciés par les poissons carnivores et les dauphins boto. Les jaguars les chassent aussi dans les lacs peu profonds où le fleuve les abandonne parfois après la crue.

Le boto, ou dauphin rose de l'Amazone, vit exclusivement en eau douce.

Boi Bumba, le carnaval de Parintins, une île sur l'Amazone

Légendes du fleuve

Sur les berges de l'Amazone, des légendes mettent en scène le soleil, la lune et l'eau, les dauphins, les serpents et les nénuphars, les bœufs, le manioc, et les créatures magiques de la forêt. Elles sont issues de croyances indiennes et d'histoires transmises par ceux qu'on appelle au Brésil les « caboclos », métis d'Amérindiens, de Blancs (colons européens) et parfois de Noirs (anciens esclaves africains).

*Le bassin du Paraná est une zone très peuplée d'Amérique du Sud.
Les pays traversés par le fleuve l'ont aménagé pour produire de l'électricité et acheminer leurs marchandises jusqu'à la mer, puis vers le monde entier.*

Le Paraná

Chutes d'Iguaçu, à la frontière de l'Argentine et du Brésil

FICHE D'IDENTITÉ

Longueur : environ 3000 km

Débit moyen : 16000 m³/s (10ᵉ mondial)

Bassin : 2500000 km² (7ᵉ mondial)

Source : Près de Santa Fé do Sul, à la confluence du Paranaibo et du Río Grande, dans l'État du Minas Gerais, dans le sud-est du Brésil

Embouchure : Océan Atlantique

Pays traversés (ou frontaliers) : Brésil, Paraguay, Argentine, Uruguay

Principales villes traversées : Salto del Guaira, Ciudad del Este, Encarnación, Posadas, Corrientes, Rosario, Buenos Aires, Montevideo

Des cargos et de l'électricité

Le Paraná naît de la réunion de deux puissantes rivières, dans une zone peuplée et industrialisée du Brésil, non loin de l'Atlantique et des villes de São Paulo et Rio de Janeiro. Cette partie du fleuve forme, avec son affluent le Tietê, une importante voie commerciale entre la côte et les terres de l'intérieur. Le fleuve chemine ensuite dans un paysage accidenté, de gorges et de rapides, dont les vertigineuses chutes d'Iguaçu. Il est coupé de deux grands barrages fournissant de l'électricité à des millions de Paraguayens, de Brésiliens et d'Argentins. Dans sa partie finale, le Paraná longe la pampa argentine, ses gauchos, son bétail et ses cultures de soja. Il se transforme alors en un fleuve de plaine, large, tout en courbes et marécages, menant jusqu'à la mer de gros bateaux de marchandises.

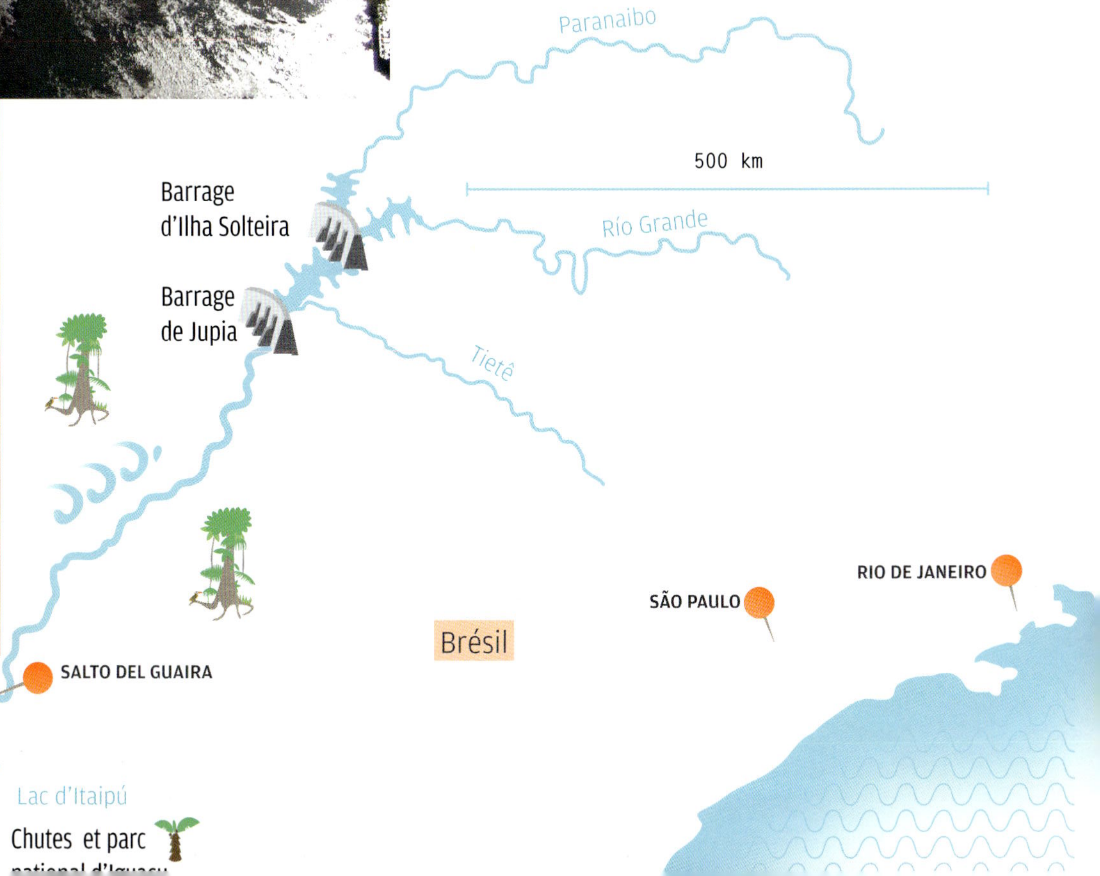

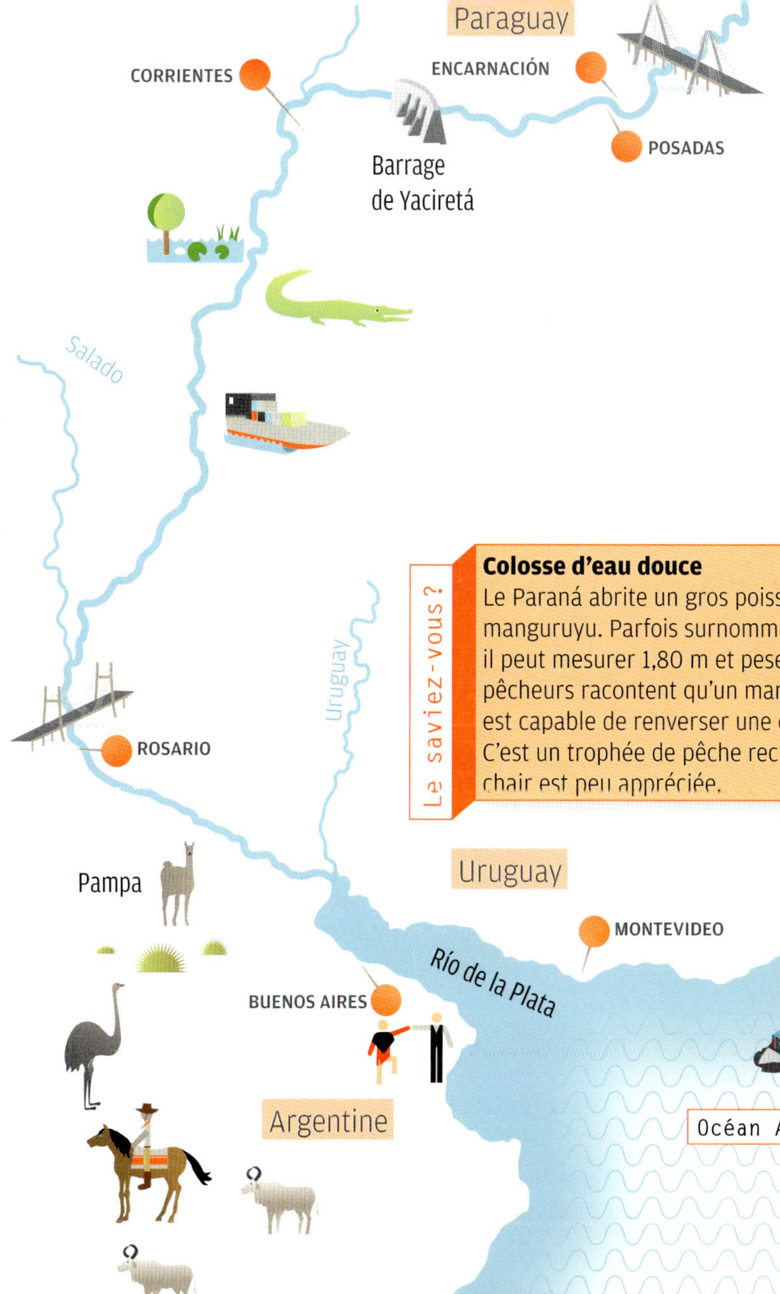

Eaux boueuses du Río de la Plata ; à gauche, Montevideo, la capitale de l'Uruguay, et à droite, Buenos Aires, la capitale de l'Argentine

Entre deux rives

Le Paraná rejoint la mer par le Río de la Plata, vaste estuaire entre l'Uruguay et l'Argentine. En 1939, Montevideo, la capitale de l'Uruguay sur la rive nord, fut témoin d'une bataille navale entre Allemands et Britanniques. Un demi-siècle plus tôt, Buenos Aires, la capitale de l'Argentine sur la rive sud, vit naître le tango, de la rencontre des rythmes des esclaves noirs et des mélodies et danses des immigrants européens.

Le saviez-vous ?

Colosse d'eau douce
Le Paraná abrite un gros poisson-chat, le manguruyu. Parfois surnommé le « roi du Paraná », il peut mesurer 1,80 m et peser 120 kg. Des pêcheurs racontent qu'un manguruyu en colère est capable de renverser une embarcation. C'est un trophée de pêche recherché, mais sa chair est peu appréciée.

Poisson-chat

Le géant Itaipú

Le barrage d'Itaipú a été construit entre 1975 et 1982 par le Brésil et le Paraguay. Ce barrage, long de 8 km, fournit aujourd'hui de l'électricité à plus de 50 millions de personnes : presque tous les Paraguayens et un quart des Brésiliens. Sa mise en service, en 1984, avait nécessité le déplacement de 10 000 personnes, noyé 1 500 km² de forêt et de cultures et englouti la cascade des Sept-Chutes, l'une des plus importantes du monde.

Pour Yemanja

Chaque année, en février, les Uruguayens rendent hommage à la déesse de la Mer, Yemanja. Cette cérémonie, d'abord pratiquée par les esclaves noirs du Brésil au XIXe siècle, a lieu aujourd'hui dans plusieurs pays d'Amérique latine. Elle mêle croyances africaines, religions européennes et influences amérindiennes.

Fête de la Yemanja sur les bords du Río de la Plata

Véritable autoroute sur l'eau, le Rhin est l'un des fleuves les plus fréquentés du monde. Ses berges offrent des paysages contrastés : industries, zones portuaires, forêts, vignobles, châteaux forts et vallées romantiques.

Le Rhin

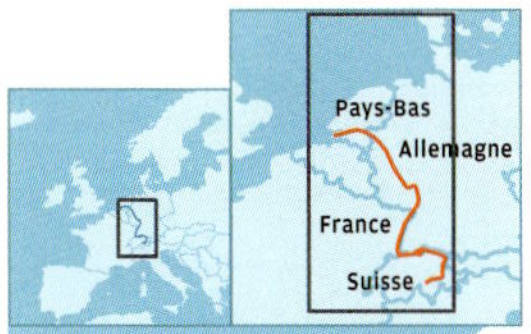

FICHE D'IDENTITÉ

Longueur : 1320 km

Débit moyen : 2500 m³/s

Bassin : 251800 km² ou 185000 km², selon les sources

Source : Massif de Saint-Gothard, à 2341 m d'altitude, en Suisse. Le Rhin est formé par le Rhin antérieur et le Rhin postérieur qui se rejoignent à Reichenau. La source officielle est celle du Rhin antérieur.

Embouchure : Mer du Nord

Pays traversés (ou frontaliers) : Suisse, Lichtenstein, Autriche, France, Allemagne, Pays-Bas

Principales villes traversées : Bâle, Strasbourg, Coblence, Bonn, Cologne, Düsseldorf, Duisburg, Rotterdam

Le port de Rotterdam, aux Pays-Bas, est le plus grand port européen.

Carrefour d'Europe

Le Rhin devient, dès le Moyen Âge, une grande voie de navigation : sur ses berges, les villes font du commerce et s'enrichissent. À partir du XIXe siècle, le fleuve accompagne le développement industriel des régions de son bassin, Ruhr, Sarre, Lorraine, riches en fer et en charbon. Cargos et barges se croisent sur son cours et ses affluents. Les uns vont vers le port de Rotterdam, destination la mer du Nord, puis le monde entier. Les autres rejoignent les ports fluviaux, Duisburg, Cologne, Strasbourg, Bâle... Les marchandises poursuivent ensuite leur voyage par la route ou le rail. Pour accueillir ces transporteurs de plus en plus gros, le fleuve a été aménagé, son lit creusé, bordé de digues, canalisé.

La région tout entière a prospéré, malgré les guerres qui l'ont déchirée entre 1870 et 1945. Le bassin du Rhin forme aujourd'hui le cœur économique de l'Europe et l'une de ses régions les plus peuplées.

Les légendes du fleuve

Dans les légendes germaniques, des nains, les Nibelungen, jettent leur trésor dans le fleuve ; une sirène, la Lorelei, fait échouer les navires. Au XIXe siècle, le Rhin et ses légendes ont attiré et inspiré poètes et écrivains allemands, français et anglais. Parmi eux : Goethe, Victor Hugo, Alexandre Dumas, Alphonse Daudet, Lord Byron… Et Frankenstein, personnage mi-homme, mi-monstre de la romancière anglaise Mary Shelley, descend le Rhin de Strasbourg à Rotterdam, direction le pôle Nord.

Le château du Katz, dominant le Rhin en Allemagne

Le saviez-vous ?

Sapin d'Alsace
Dès le XVIe siècle, on décorait les sapins pour Noël en Alsace. Mais avec ou sans sapin, décembre est un mois de fête depuis l'Antiquité. Ainsi, le 21 décembre, les Celtes et les Romains célébraient le solstice d'hiver (la nuit la plus longue de l'année).

Contre la mer

Une partie du territoire des Pays-Bas a été gagnée sur la mer. Des digues ont été construites pour repousser les flots et créer des terres, les polders, situées en dessous du niveau de la mer. Ces polders sont nombreux dans le delta du Rhin et de la Meuse. Mais ils sont vulnérables : de très fortes houles ont parfois rompu les digues. Aujourd'hui, en cas de tempête, de gigantesques barrages mobiles empêchent la mer de s'engouffrer dans les bras des fleuves et d'inonder les terres les plus basses.

Dordrecht, aux Pays-Bas, dans le delta du Rhin

Frontières

Durant l'Antiquité, le Rhin marquait la limite nord-est de l'Empire romain. En 843, il sépara les territoires qui allaient devenir la France et l'Allemagne. Aujourd'hui, après plusieurs conflits, le Rhin est toujours une frontière franco-allemande. Il définit aussi une partie des contours de la Suisse, de l'Autriche et du Lichtenstein.

Comment vit-on au bord des fleuves ?

Les villes sont étroitement liées aux fleuves. Certaines sont situées dans les estuaires et font le lien entre la mer et le continent : Shanghai (Yangzi Jiang), New York (Hudson). D'autres sont dans les deltas, dont les sols sont favorables à l'agriculture : Calcutta (Gange), La Nouvelle-Orléans (Mississippi). D'autres encore sont au confluent d'un fleuve et d'une rivière, carrefour de deux voies navigables favorisant les échanges entre deux vallées : Manaus (Amazone), Khartoum (Nil).

Le vieux port de Montréal sur le Saint-Laurent en hiver, au Canada (Québec)

Village flottant sur le lac Tonlé Sap, relié au Mékong, au Cambodge

À QUOI SERVENT LES PORTS FLUVIAUX ?

Des ports ont été construits sur les fleuves pour faciliter les déplacements et le commerce entre les villes d'une même vallée. Les plus grands d'entre eux sont aux embouchures. Certains cours d'eau très navigables possèdent des ports loin de la mer capables d'accueillir de gros bateaux, comme Duisburg (Rhin) ou Montréal (Saint-Laurent). Marchandises et voyageurs poursuivent ensuite leur chemin par la route ou le rail. Les fleuves comptent aussi des ports dédiés aux loisirs.

COMMENT CIRCULE-T-ON AUTOUR DES FLEUVES ?

En ville, les fleuves sont enjambés par des ponts et encadrés par des berges. Dans les pays riches, ces berges ont souvent été aménagées en voies rapides pour les voitures. Mais des projets prévoient aujourd'hui de les rendre à la nature et aux piétons. Dans les pays en développement, les quartiers des villes situés au bord du fleuve sont en général habités par les plus pauvres. Les risques d'inondations y sont importants car les berges ne sont pas aménagées.

Le Danube est le fleuve le plus international du monde : il longe ou traverse dix pays et en réunit dix-huit dans son bassin. Sur ses berges s'est écrite l'histoire mouvementée de l'Europe centrale et des Balkans.

Le Danube

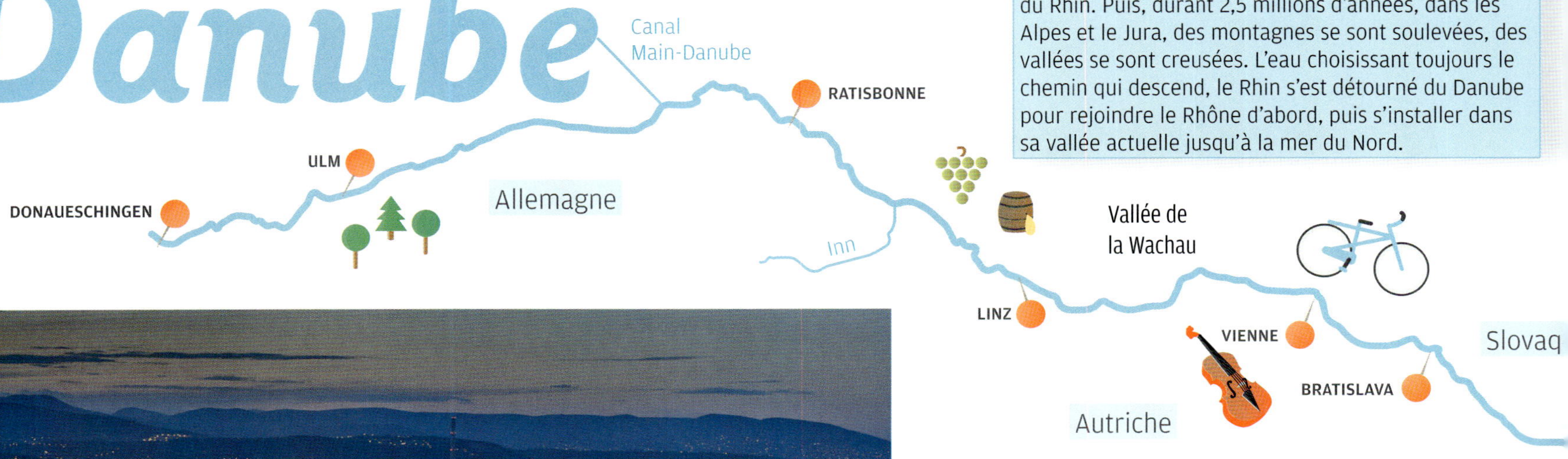

Le saviez-vous ?

Un fleuve est né

Il y a 5 millions d'années, le Danube recevait les eaux du Rhin. Puis, durant 2,5 millions d'années, dans les Alpes et le Jura, des montagnes se sont soulevées, des vallées se sont creusées. L'eau choisissant toujours le chemin qui descend, le Rhin s'est détourné du Danube pour rejoindre le Rhône d'abord, puis s'installer dans sa vallée actuelle jusqu'à la mer du Nord.

Le pont des Chaînes sur le Danube à Budapest ; à gauche Buda, à droite Pest.

Fleuve des capitales

Le Danube arrose quatre capitales qui racontent une longue histoire d'empires et de conquêtes. De 1278 à 1918, Vienne, capitale de l'Autriche, voit l'ascension de la famille Habsbourg, qui donne rois et empereurs à différentes régions d'Europe. Budapest, capitale de la Hongrie, est envahie au XIIIe siècle par des hordes venues de Mongolie, puis au XVIe siècle par les Turcs de l'Empire ottoman. En 1918, Bratislava, capitale de la Slovaquie, est intégrée à la Tchécoslovaquie, tandis que Belgrade, capitale de la Serbie, devient celle de la Yougoslavie. En 1991-1992, ces deux grands États sont dissous pour former de petits pays, mais l'éclatement de la Yougoslavie provoque une guerre qui durera jusqu'en 1999. Depuis, la paix règne sur les berges du Danube.

FICHE D'IDENTITÉ

Longueur : 2850 km

Débit moyen : 6550 m^3/s

Bassin : 810000 km^2

Source : Forêt-Noire, à 678 m d'altitude, en Allemagne. Le Danube naît de la réunion de deux rivières, la Breg et la Brigach, à Donaueschingen.

Embouchure : Mer Noire

Pays traversés (ou frontaliers) : Allemagne, Autriche, Slovaquie, Hongrie, Croatie, Serbie, Roumanie, Bulgarie, Moldavie, Ukraine

Principales villes traversées : Ulm, Ratisbonne, Linz, Vienne, Bratislava, Budapest, Belgrade

Musicien tsigane lors d'un mariage traditionnel à Belgrade, en Serbie

Danses et fanfares

La musique des régions du Danube est un mélange de chants paysans, de danses et de fanfares militaires, et de rythmes et sonorités apportés par les musiciens tsiganes. Les Roms, ou Tsiganes, sont un peuple d'origine indienne, installé en Europe depuis le Moyen Âge. Cette musique du Danube, à la fois entraînante et mélancolique, aux accents turcs, voire asiatiques, se joue à grand renfort de violon, trompette, clarinette, guitare ou accordéon. Elle a inspiré des compositeurs hongrois des XIXᵉ et XXᵉ siècles, tels Franz Liszt et Béla Bartók.

Au fil de l'eau

De la Forêt-Noire, en Allemagne, à la mer Noire, en Roumanie, le Danube traverse une multitude de paysages. Il naît en montagne, traverse des forêts, des prairies et des canyons, effleure des dunes de sable, se perd dans des lacs, des lagunes et des marécages. Son delta, grand comme un département français, abrite 4 000 espèces animales et 1 200 espèces végétales. Des oiseaux migrateurs, pélicans, cormorans, cigognes et canards, viennent du monde entier pour y nicher.

Delta du Danube en Roumanie

Pélicans blancs du delta du Danube

Objectif dépollution

Depuis 1998, les pays du Danube luttent ensemble contre la pollution de l'eau. Ils ont mené des actions efficaces, avec l'aide financière de l'Union européenne. Mais ils ont aussi dû faire face à de graves accidents industriels en 2000 et 2010. Aujourd'hui, le Danube va mieux, mais il reste beaucoup à faire. En particulier, traiter les eaux usées des villes avant de les rejeter dans le fleuve.

Fleuve des villes princières et de l'industrie lourde, de la forêt et des steppes, des églises, des kremlins et des mosquées, la Volga montre les multiples visages de la Russie d'hier et d'aujourd'hui.

La Volga

Ville princière de Kostroma, en Russie

Les populations du fleuve

Le bassin de la Volga est un petit coin de l'immense Fédération de Russie, mais concentre près de la moitié de sa population. La Russie est née dans le nord de la Volga, au XIVe siècle. Les princes russes des régions du fleuve se regroupèrent alors, autour du souverain de Moscou, pour faire face aux envahisseurs venus de Mongolie. Ces derniers conquirent puis perdirent le centre et le sud de la Volga, désormais habités par des peuples de langue turque, mongole et de l'Oural, mêlés aux Russes. Quand, au XXe siècle, l'Union soviétique réunit sous un pouvoir autoritaire la Russie et les pays voisins, l'industrie se renforça dans ces régions. Leurs habitants produisent aujourd'hui des voitures, des lanceurs de fusées, des armes, mais aussi, dans le delta, du caviar et des fourrures.

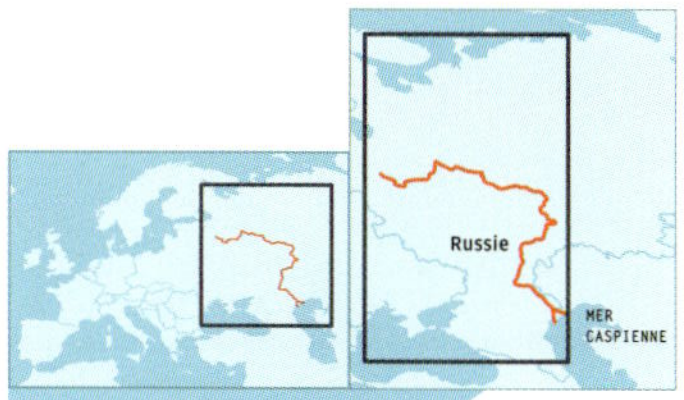

FICHE D'IDENTITÉ

Longueur : 3690 km
Débit moyen : 8400 m³/s
Bassin : 1360000 km²
Source : Plateau du Valdaï, à 228 m d'altitude, en Russie
Embouchure : Mer Caspienne
Pays traversé : Russie
Principales villes traversées : Iaroslav, Nijni Novgorod, Kazan, Samara, Saratov, Volgograd, Astrakhan

Bataille de Stalingrad en 1942 : des soldats soviétiques construisent un pont de bois sur la Volga.

À Stalingrad

De septembre 1942 à février 1943, la ville de Volgograd, alors appelée Stalingrad, fut le théâtre d'une des plus terribles batailles de la Seconde Guerre mondiale. Elle opposa l'armée de l'Allemagne nazie à celle de l'Union soviétique. De combats de rue en bombardements aériens, les troupes s'affrontèrent jusqu'à la victoire soviétique et la destruction de la quasi-totalité de la ville.

Église immergée près de Kaliazine

Un escalier de lacs

Entre 1935 et 1983, neuf grands barrages ont été construits sur la Volga par l'Union soviétique. Ils ont créé de vastes lacs artificiels qui ont noyé des régions entières. L'eau ainsi stockée irrigue aujourd'hui des terres agricoles et alimente l'industrie. Mais des quantités colossales de matières toxiques sont rejetées dans le fleuve et s'accumulent dans les lacs.
En effet, un fleuve dont les eaux courent librement de sa source à son embouchure, peut éliminer une partie des polluants qu'il reçoit. Mais il n'en est plus capable si ses eaux sont immobilisées dans des lacs.

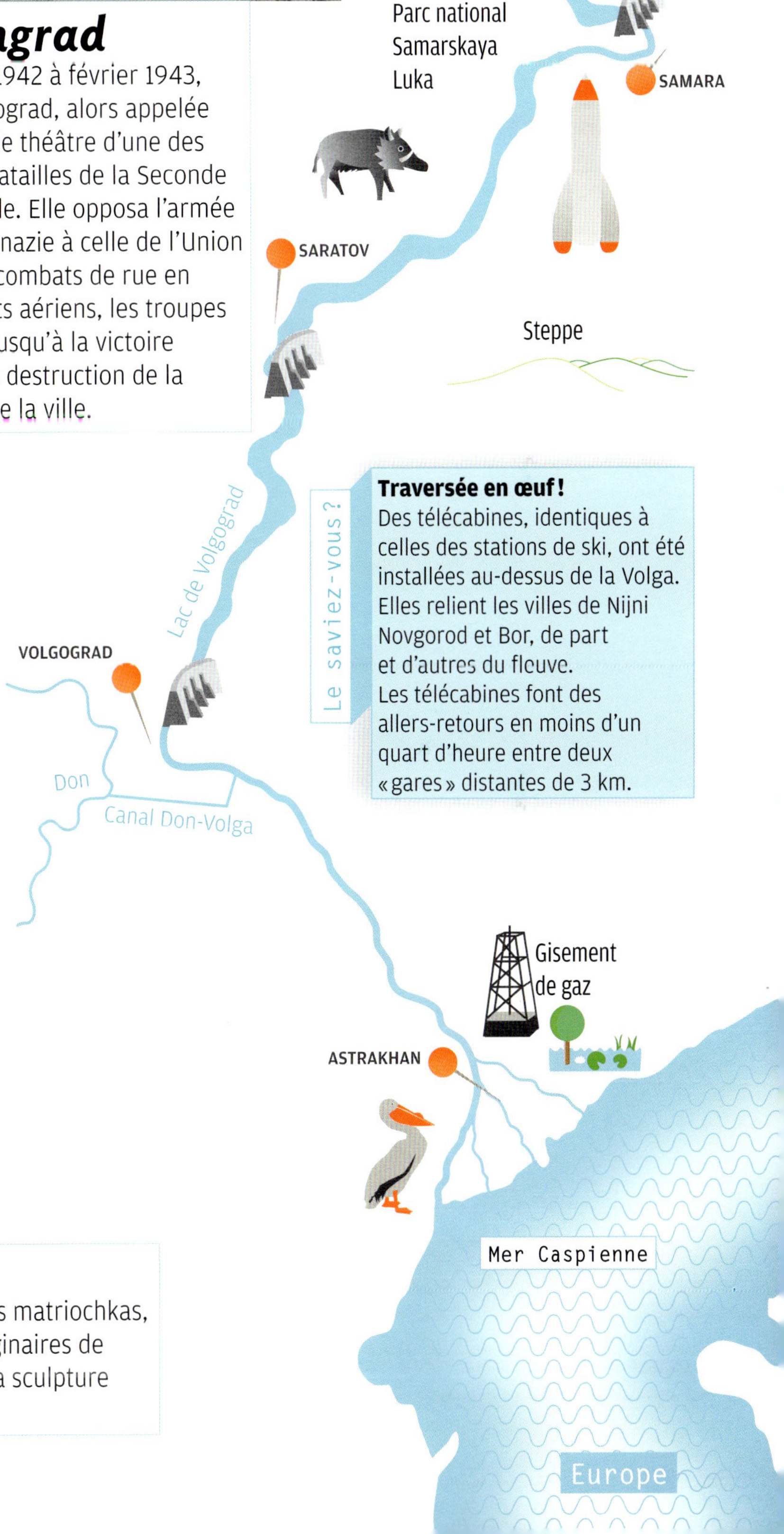

Le saviez-vous ?

Traversée en œuf !
Des télécabines, identiques à celles des stations de ski, ont été installées au-dessus de la Volga. Elles relient les villes de Nijni Novgorod et Bor, de part et d'autres du fleuve. Les télécabines font des allers-retours en moins d'un quart d'heure entre deux « gares » distantes de 3 km.

Matriochkas

Poupées russes

Elles s'emboîtent parfaitement, portent un fichu jaune et un tablier fleuri. Ce sont les matriochkas, ou poupées russes. On les trouve aux quatre coins de la planète, mais elles sont originaires de Semenov, près de Nijni Novgorod. On pratique aussi, dans cette région d'artisanat, la sculpture et la peinture sur bois, la gravure sur os, le tissage, la broderie, le travail du cuir…

Dans sa course vers le nord, l'Ienisseï raconte la Sibérie, son passé, ses peuples et les richesses de son sol. Les gens du fleuve, habitants des villes, marins ou éleveurs de rennes, vivent au rythme des hivers polaires.

L'Ienisseï

FICHE D'IDENTITÉ

Longueur : 3354 km

Débit moyen : 17200 m³/s (7e mondial)

Bassin : 2600000 km² (6e mondial)

Source : Monts des Saïan, à 631 m d'altitude, en Russie. L'Ienisseï naît de la réunion de deux rivières, le Petit Ienisseï et le Grand Ienisseï.

Embouchure : Océan Arctique (mer de Kara)

Pays traversés (ou frontaliers) : Russie

Principales villes traversées : Kyzyl, Abakan, Krasnoïarsk, Lesosibirsk, Igarka, Doudinka

Les rives de l'Iénisseï en république de Khakassie, près du barrage de Saïano-Chouchensk

La Sibérie, du sud au nord

L'Ienisseï, fleuve des grands froids sibériens, traverse d'abord une succession de villes industrielles et de barrages géants, longeant, sur son ouest, des marécages riches en pétrole. Autour du cercle polaire, le fleuve s'écoule dans des régions presque inhabitées où règne la toundra, prairie d'herbe et de mousse, sur un sol gelé en profondeur, le pergélisol. Du sud au nord, les riverains de l'Ienisseï vivent au rythme des saisons sibériennes. Le fleuve gèle une grande partie de l'année et devient autoroute, les véhicules remplacent les bateaux. Au printemps, le dégel commence par le Sud. Mais l'eau est bloquée dans sa course vers la mer, car au nord, la glace persiste. Alors elle déborde et provoque d'impressionnantes inondations.

Éleveurs de rennes du peuple dolgane

Peuples du Grand Nord

Sur les berges de l'Ienisseï et dans son delta habitent des peuples nomades, éleveurs de rennes (Evenks, Nenets, Dolganes). Une partie vit encore de façon traditionnelle, de chasse et de pêche. Ils se déplacent dans des traîneaux tirés par des rennes et vivent sous des tentes en peau ou, parfois, en matériaux modernes. Dans ces régions où l'hiver dure dix mois et la température peut descendre à - 60 °C, les enfants scolarisés passent de longs mois loin de leur famille.

À Krasnoïarsk

Cité aux visages multiples, Krasnoïarsk est une ancienne forteresse devenue lieu d'emprisonnement des opposants politiques aux XIXe et XXe siècles. Cette ville riche en bâtiments historiques, églises et maisons traditionnelles, est désormais le cœur d'une région industrielle qui cache dans sa périphérie un centre de recherche nucléaire. Krasnoïarsk est une étape du Transsibérien, une voie ferrée reliant Moscou à Vladivostok, port russe sur la mer du Japon.

Affiche du film « Michel Strogoff » (1956)

Épopée sibérienne

Michel Strogoff est le personnage d'un livre du même nom publié par Jules Verne en 1876, année de la visite du tsar (le souverain de Russie) Alexandre II à Paris. Le héros du roman traverse la Russie jusqu'à la ville d'Irkoutsk, en Sibérie orientale, pour prévenir le frère du tsar que les Tartares (aussi appelés Tatars) ont prévu d'attaquer la région. Durant son voyage, Michel Strogoff surmonte de nombreuses épreuves, dont la périlleuse traversée de l'Ienisseï.

Le saviez-vous ?

Mammouth glacé
Le sol gelé de Sibérie renferme des trésors : plusieurs mammouths, morts il y a des dizaines de milliers d'années et très biens conservés, y ont été découverts depuis le XIXe siècle. Le dernier a été trouvé en 2012 sur les berges de l'Ienisseï, dans la péninsule de Taïmyr, par un jeune Nenet.

Sur les rives de l'Euphrate se sont écrites des pages essentielles de l'histoire de l'humanité. Le fleuve et son double, le Tigre, sont aujourd'hui témoins des conflits et tensions qui secouent l'Irak, la Syrie et la Turquie.

L'Euphrate

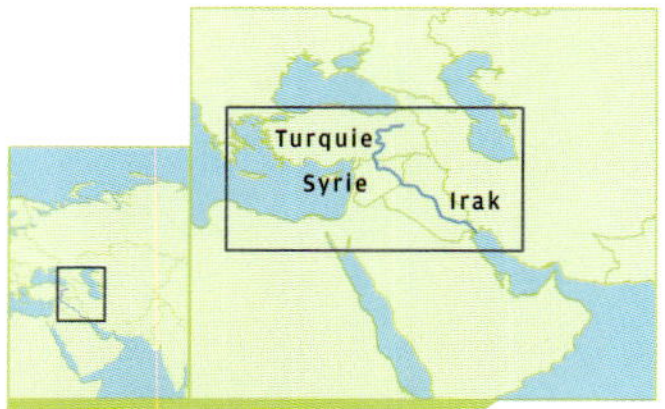

FICHE D'IDENTITÉ

Longueur : 2780 km

Débit moyen : 840 m³/s

Bassin : 440000 km²

Source : Mont Kargapazarie, près d'Erzurum, en Turquie. L'Euphrate naît de la réunion de deux rivières, le Karasu et le Murat. Sa source officielle est celle du Karasu.

Embouchure : L'Euphrate rejoint le Tigre pour former le fleuve Chatt al-Arab, qui se jette dans le golfe Persique.

Pays traversés (ou frontaliers) : Turquie, Syrie, Irak

Principales villes traversées : Birecik, Raqqa, Deir ez-Zor, Ramadi, Faludjar, Karbala, Koufa, Nadjaf, Nassiriya, Bassora

Enfant pêchant près du village de Qala'at Najem dans le nord de la Syrie

En Mésopotamie

L'Euphrate et le Tigre, qui se jettent ensemble dans le golfe Persique, ont vu naître la plus ancienne des civilisations dans une région que les Grecs ont appelée « Mésopotamie », « le pays entre les fleuves ». Les hommes se sont installés dès la préhistoire dans cette plaine entourée de déserts, de montagnes et de marais. Ils ont d'abord appris à contrôler et à exploiter l'eau des fleuves pour leurs cultures. Cela a permis l'essor de la civilisation mésopotamienne et son rayonnement exceptionnel. À partir du IVe millénaire avant notre ère sont apparues l'écriture, la roue, les mathématiques, la banque et les premières grandes villes. Ces cités-États se sont alliées ou affrontées, créant de puissants empires jusqu'au VIe siècle avant notre ère.

Villes saintes

Les villes de Nadjaf, Karbala et Koufa, dans la vallée de l'Euphrate, sont considérées comme des lieux saints par les musulmans chiites. À Nadjaf, ces derniers viennent en pèlerinage sur la tombe de l'imam Ali, qu'ils considèrent comme le premier successeur du prophète Mahomet. Ils vont aussi se recueillir à Koufa et à Karbala, lieux d'événements importants lors de la naissance du chiisme, au VIIe siècle.

Pèlerins autour du mausolée de l'imam Ali, à Nadjaf en Irak

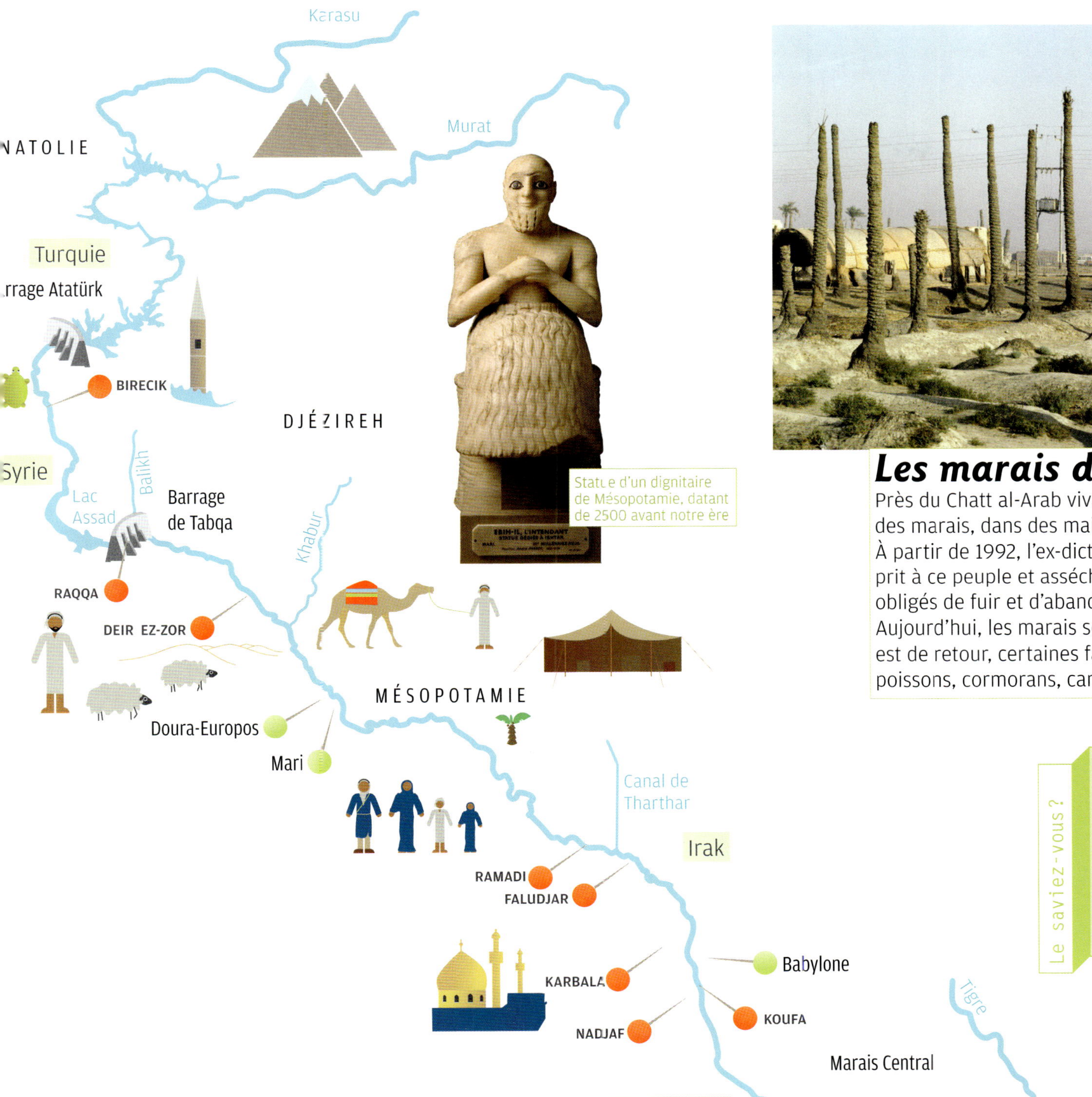

Statue d'un dignitaire de Mésopotamie, datant de 2500 avant notre ère

Zone de marais asséchés en Irak

Les marais d'Irak

Près du Chatt al-Arab vivaient autrefois les Madans, ou Arabes des marais, dans des maisons flottant au milieu des roseaux. À partir de 1992, l'ex-dictateur irakien Saddam Hussein s'en prit à ce peuple et assécha les marais. Les Madans furent obligés de fuir et d'abandonner leur mode de vie traditionnel. Aujourd'hui, les marais sont en cours de restauration : l'eau est de retour, certaines familles aussi, ainsi que des loutres, poissons, cormorans, canards…

Le saviez-vous ?

Jardins antiques

Les jardins suspendus de Babylone, cité antique de Mésopotamie, sont une des Sept Merveilles du monde. Créés par le roi Nabuchodonosor II au VIe siècle avant notre ère, ces jardins, décrits par des auteurs grecs, ne sont cités dans aucun texte babylonien. Aussi leur existence est-elle mise en doute.

Difficile partage

La Turquie a lancé en 1977 un projet colossal prévoyant de construire vingt-deux barrages dans le bassin de l'Euphrate et du Tigre. Le plus important d'entre eux, le barrage Atatürk, a été achevé en 1990. Ce vaste projet crée des tensions avec la Syrie et l'Irak. En effet, ces pays sont traversés par les deux fleuves, mais après la Turquie. Aussi les barrages turcs vont-ils les priver d'une partie de l'eau qu'ils reçoivent aujourd'hui.

Pourquoi les civilisations sont-elles nées au bord des fleuves ?

Mosaïques romaines de la ville antique de Zeugma, en Turquie. La construction du barrage de Birecik sur l'Euphrate, en 1995, engloutit le site de la ville sous les eaux mais les vestiges ont été déplacés vers le musée archéologique de Gaziantep, en Turquie.

Les sociétés actuelles sont les héritières de grandes civilisations nées au bord de fleuves de la région du croissant fertile et d'Asie, il y a plus de 4 000 ans : Sumériens (Tigre et Euphrate), Égyptiens (Nil), Harappéens (Indus), Chinois (Huang He). Ces populations ont appris à cultiver des céréales en quantité dans les terres inondées par les fleuves et à exploiter leur eau, considérée comme un don des dieux. C'est grâce à ces progrès qu'elles ont créé des sociétés organisées faisant une grande place à la religion.

QU'EST-CE QUE LE CROISSANT FERTILE ?

Le croissant fertile est le nom donné à une région du Proche-Orient s'étendant en partie sur les pays suivants : Irak, Iran, Koweït, Syrie, Turquie, Jordanie, Israël, Palestine, Égypte. Cette expression désigne les territoires arrosés par des cours d'eau, et donc favorables aux cultures, dans ces régions arides. C'est sur ces terres que sont nées durant l'Antiquité, l'agriculture irriguée, la domestication des animaux (chèvre, mouton, porc, vache), les villes, l'écriture...

Centre historique de Tolède, en Espagne, sur es rives du Tage

COMMENT LES VILLES ONT-ELLES ÉTÉ CRÉÉES ?

Les hommes ont d'abord été nomades, vivant de chasse, de pêche et de cueillette. Il y a 10 000 ans, certains d'entre eux ont commencé à cultiver des plantes. Des villages sont apparus au bord des cours d'eau. Ces populations ont augmenté et progressé : quelque 5 000 ans plus tard, elles construisaient les premières cités, en Mésopotamie puis ailleurs. Les villes sont toujours liées aux cours d'eau aujourd'hui : leurs quartiers historiques, les premiers construits, sont situés au plus près des berges.

Alimenté par les glaciers de l'Himalaya, l'Indus apporte une eau précieuse dans les plaines arides du Pakistan. Les populations y cultivent, grâce à lui, blé, riz, coton, canne à sucre, mais subissent aussi ses débordements.

L'Indus

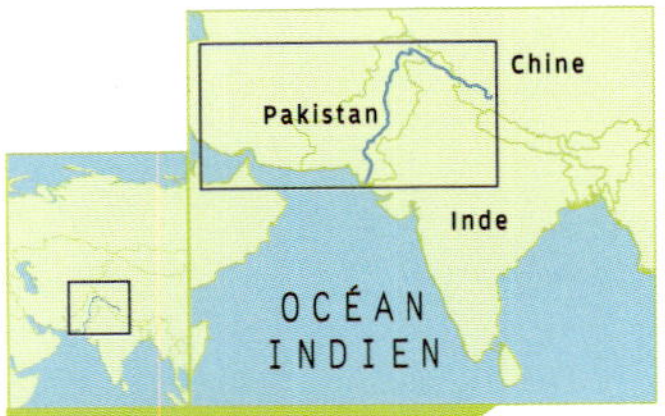

FICHE D'IDENTITÉ

Longueur : 3040 km

Débit moyen : 6700 m^3/s

Bassin : 950 000 km^2

Source : Mont Kailas, dans l'Himalaya, à 5200 m d'altitude, au Tibet

Embouchure : Mer d'Oman

Pays traversés (ou frontaliers) : Tibet (Chine), Inde, Pakistan

Principales villes traversées : Attock, Kalabagh, Dera Ismail Khan, Sukkur, Kotri, Hyderabad

Vallée de l'Indus dans la région du Laddak, en Inde

Des glaciers au désert

Jailli des flancs de l'Himalaya, l'Indus longe les plus hautes montagnes du monde et parcourt une région riche en témoignages du passé : monastères bouddhiques, pierres gravées à la préhistoire et durant l'Antiquité... Le fleuve serpente ensuite entre collines et déserts, en Inde et au Pakistan. Il est alors une source d'eau essentielle pour des millions d'êtres humains. Les premières traces de canaux menant l'eau jusqu'aux champs cultivés datent du XIVe siècle. Dès 1932, de grands barrages ont permis la création du plus long réseau d'irrigation du monde. L'Inde et le Pakistan, tous deux dépendants du fleuve, ont dû s'en partager les eaux. Ils y sont parvenus, malgré les guerres qui les ont opposés, au XXe siècle, dans la région du Cachemire.

Statue de déesse-mère trouvée à Mohenjo-Daro, au Pakistan, datant de 2400 avant notre ère

Peuple de l'Indus

Une brillante civilisation s'est développée sur les bords de l'Indus, au Pakistan et en Inde, à partir de 2500 avant notre ère. Des sites explorés par les archéologues ont révélé l'existence de villes fortifiées, de maisons avec salles de bains, de digues sur le fleuve, d'objets d'art, de bâtiments religieux et d'une écriture, mystérieuse à ce jour. Cette civilisation a brusquement disparu vers 1800 avant notre ère, peut-être à cause d'un changement du climat.

Le saviez-vous ?

Sur la route
Dans l'Himalaya, l'Indus a creusé des gorges vertigineuses que longe aujourd'hui la Karakoram Highway. Cette « autoroute » (qui n'en est pas une) suit en partie le tracé de la route de la soie, une voie de commerce entre la Méditerranée et la Chine utilisée à partir du IIe siècle avant notre ère.

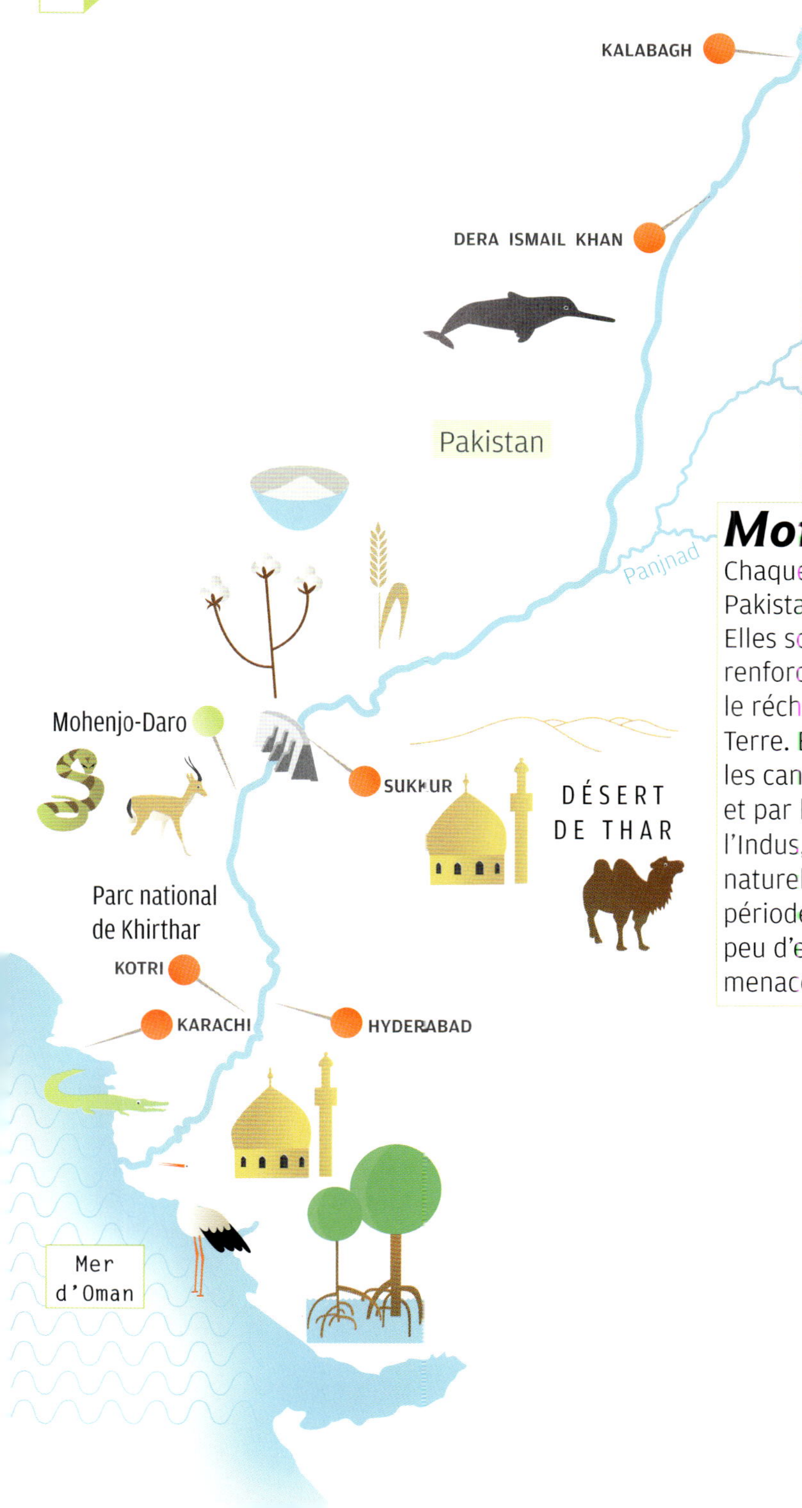

Inondations dans la province du Pendjab, traversée par l'Indus, au Pakistan

Montée des eaux

Chaque été, lors de la mousson, le Pakistan subit de graves inondations. Elles sont dues, en partie, au renforcement des pluies causé par le réchauffement du climat de la Terre. Elles sont aussi aggravées par les canaux d'irrigation trop nombreux et par les digues mal entretenues sur l'Indus, qui empêchent l'écoulement naturel des eaux. À l'inverse, en période sèche, quand le fleuve rejette peu d'eau dans la mer, celle-ci menace le delta.

Célébration soufie à Sehwan Sharif, au sud du Pakistan

Prière et danse

La ville de Sehwan Sharif est un haut lieu du soufisme, un courant de pensée lié à l'islam, né au VIIIe siècle dans l'actuel Irak. Chaque année, plus d'un million de personnes s'y réunissent pour célébrer, par la prière et la danse, un saint, poète et philosophe soufi du XIIIe siècle. Le soufisme, marqué par une grande liberté dans les pratiques religieuses, s'est beaucoup diffusé à travers la littérature. Il a notamment inspiré les contes des « Mille et Une Nuits ».

Fleuve sacré du monde hindou, le Gange roule ses eaux puissantes dans une longue plaine, aux pieds de l'Himalaya. De villes géantes en campagnes cultivées, il rejoint la mer sur la frontière entre l'Inde et le Bangladesh.

Le Gange

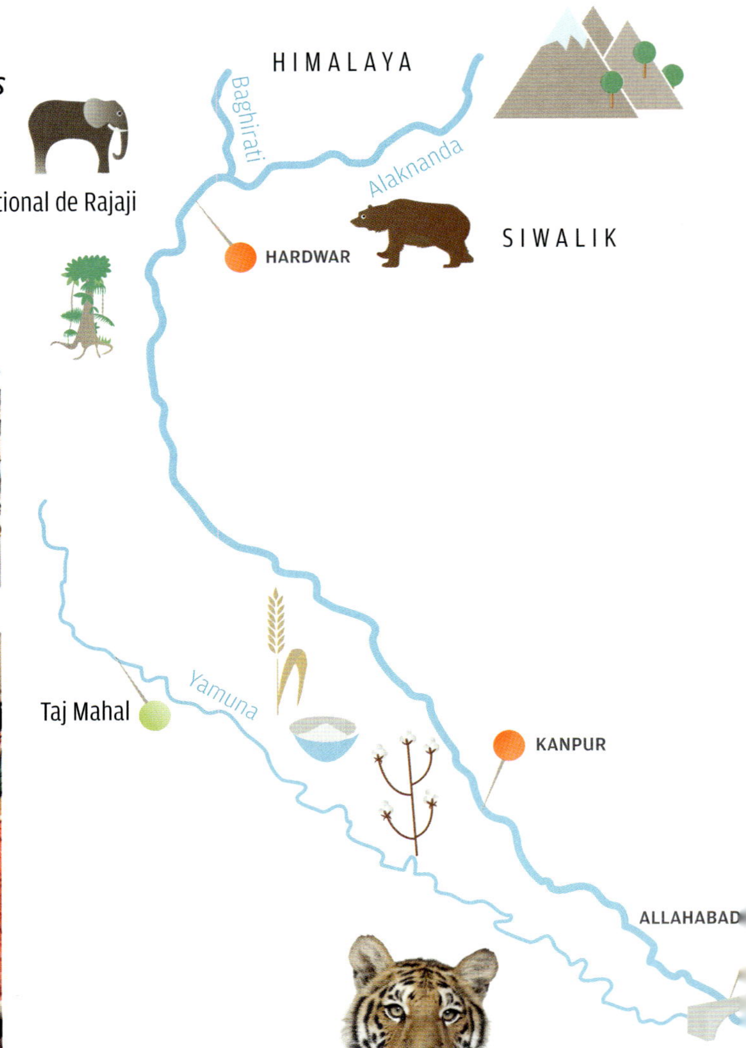

Bain sacré dans le Gange à Varanasi (Bénarès) en Inde

Le fleuve sacré

Le Gange est un fleuve sacré pour plus de 900 millions d'Indiens adeptes de l'hindouisme. Selon cette religion, ses eaux lavent les péchés des vivants et libèrent l'âme des morts, dont les corps sont brûlés et les cendres dispersées dans le fleuve. Plusieurs villes saintes, dont Hardwar, Allahabad, Varanasi (Bénarès), accueillent tous les douze ans la Mah Kumbh Mela, le plus grand rassemblement religieux du monde. La vallée du Gange est riche en temples hindous, mais aussi en monuments du sikhisme (né d'un mélange d'islam et d'hindouisme), de l'islam et du christianisme. Ces religions se sont répandues en Inde après l'invasion des Turcs, au XIIIe siècle, des Portugais et des Britanniques, du XVIe au XXe siècle.

Jeune tigre du Bengale

Trésors du delta

Le delta partagé par le Gange et le Brahmapoutre, à cheval sur l'Inde et le Bangladesh, abrite une faune exceptionnelle, dont des tigres du Bengale, dauphins du Gange, crocodiles marins et pythons indiens en voie de disparition. Sur la côte s'étire un ruban de mangroves, les Sundarbans, menacé par la montée du niveau de la mer, due au réchauffement du climat de la Terre. De petites îles y ont déjà été submergées, et des milliers de personnes, déplacées.

Ganga, la déesse du Gange

La déesse Ganga

L'hindouisme est une religion que pratiquent quatre habitants sur cinq en Inde. Dans ses légendes, le Gange est personnifié par la déesse Ganga, née des pieds du dieu Vishnou. Ganga passa mille ans dans la chevelure du dieu Shiva, puis descendit sur terre en sept sources jaillissant de l'Himalaya. L'hindouisme reconnaît sept cours d'eau sacrés. Parmi eux, une rivière, la Yamuna, et six fleuves dont le Gange, l'Indus et la Sarasvati, qui serait aujourd'hui asséchée.

Le saviez-vous ?

Eaux usées

Le Gange est l'un des fleuves les plus pollués du monde. Les égouts des grandes villes s'y déversent directement, les eaux usées industrielles aussi, à raison de 1,7 milliard de litres par jour. Cette pollution démesurée est source de diarrhées, de problèmes de peau et de maladies graves.

Ville-monde

Kolkata (Calcutta) est située sur la rivière Hooghly, autrefois cours du Gange. Entre bus fumants, vieux tacots et voitures neuves, les foules vont et viennent, en costume-cravate, sari traditionnel de couleur vive, jean ou guenilles. Les senteurs des marchés aux fleurs ou aux épices se mêlent aux odeurs de poubelles. Au bout de la ville, des cargos quittent un port qui s'ensable, emportant vers la mer et le monde les produits de la plaine du Gange.

Mangrove des Sundarbans, au Bangladesh

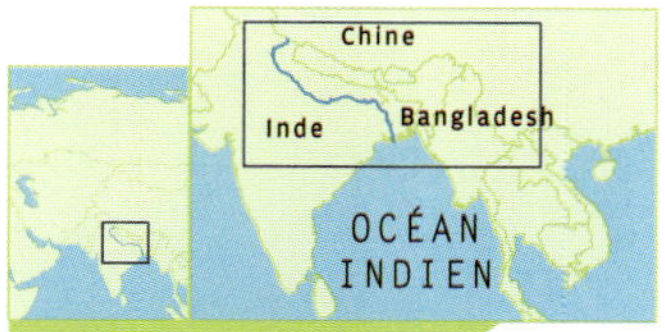

FICHE D'IDENTITÉ

Longueur : 3090 km

Débit moyen : 11600 m³/s

Bassin : 2165000 km² (9e mondial)

Source : Montagnes du Garhwal, dans l'Himalaya, vers 4200 m d'altitude, en Inde. Le Gange naît de la réunion de deux torrents, l'Alaknanda et la Baghirati.

Embouchure : Océan Indien

Pays traversés (ou frontaliers) : Inde, Bangladesh

Principales villes traversées : Hardwar, Kanpur, Allahabad, Varanasi, Patna, Rajshahi

Quelles menaces pèsent sur les fleuves ?

Dans de nombreux pays, les villes et les usines déversent leurs eaux usées, sans traitement, dans les fleuves. Ceux-ci récupèrent aussi les produits chimiques utilisés pour l'agriculture (engrais, pesticides), par un effet d'écoulement à travers les sols. À l'état naturel, les fleuves sont capables d'éliminer une partie de cette pollution, par des réactions chimiques et en s'écoulant vers la mer. Mais les aménagements (barrages, canaux, digues...) perturbent, voire empêchent ce « nettoyage » naturel.

LES FLEUVES SONT-ILS VICTIMES D'ASSÈCHEMENT ?

Durant les années 1990 et 2000, la planète a vécu des périodes de grande sècheresse. Aujourd'hui, des fleuves de régions arides s'assèchent : Murray, Colorado, Rio Grande, Nil, Indus, Gange, Huang He... Des millions de personnes risquent bientôt de manquer d'eau. En outre, certains fleuves n'atteignent plus la mer, ou s'y jettent avec très peu de force. Les terres autour des embouchures sont alors envahies par de l'eau salée qui met en péril la flore, la faune et les cultures.

Inondations dans la région des haors, au nord-est du Bangladesh, baignée par le fleuve Meghna

Lit asséché du Yangzi Jiang à Chongqing, en Chine

QUELS SONT LES EFFETS DU RÉCHAUFFEMENT DU CLIMAT ?

Le réchauffement du climat, dû aux activités humaines, est en partie responsable de l'augmentation des sécheresses. Il renforce aussi les pluies saisonnières, provoquant plus d'inondations. Enfin, cette hausse des températures accélère la fonte des glaces. Aux pôles, la fonte de la banquise participe à la montée du niveau des mers, qui menace les populations vivant dans les deltas. En montagne, les glaciers fondent aussi et augmentent le débit des cours d'eau, mais ils ne sont pas éternels.

Le Yangzi Jiang, grande voie de navigation, est le témoin du développement économique de la Chine. Barrages géants, gratte-ciel, temples, cités impériales, le fleuve traverse des paysages multiples.

Le Yangzi Jiang

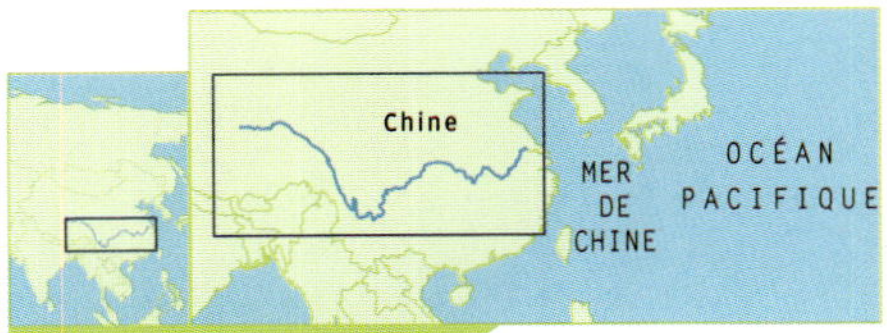

FICHE D'IDENTITÉ

Longueur : 5980 km (3e mondial)

Débit moyen : 34000 m^3/s (3e mondial)

Bassin : 1830000 km^2

Source : Tanggula Shan, sur le plateau du Tibet, à plus de 6000 m d'altitude, en Chine. Le Yangzi Jiang s'appelle d'abord Tuotuo, puis Jinsha jusqu'à sa rencontre avec la rivière Min.

Embouchure : Mer de Chine orientale

Pays traversé : Chine

Principales villes traversées : Chongqing, Yichang, Jingzhou, Wuhan, Nanjing

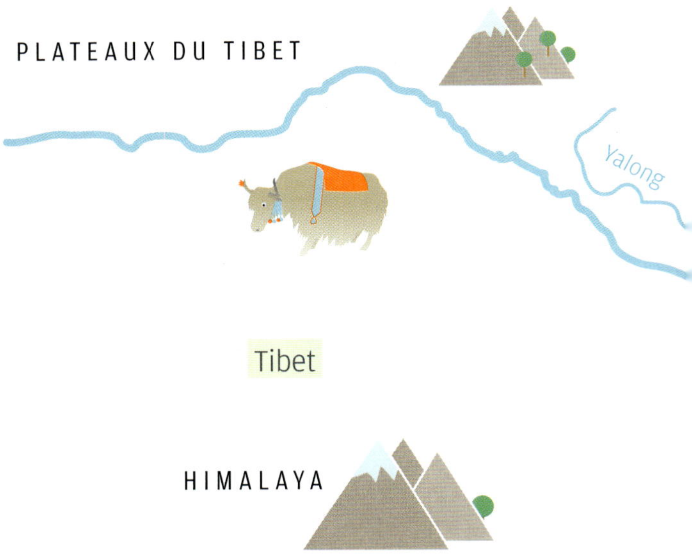

Quartier des affaires de Pudong, à Shanghai

Hier, aujourd'hui, demain

Né en très haute montagne, le Yangzi Jiang longe d'abord des régions isolées où vivent différents peuples aux traditions anciennes. Quelque 3500 km plus loin, il vient buter contre le plus puissant barrage du monde, dit des Trois-Gorges, qui a noyé 632 km^2 de terres et déplacé 1,2 million de personnes. Construit pour limiter des inondations souvent catastrophiques, ce barrage facilite aussi la navigation et le commerce entre l'intérieur agricole de la Chine et ses côtes industrialisées. Ainsi, durant les années 2000, des villes du fleuve, telle Chongqing, se sont enrichies et modernisées. Elles ont vu s'installer nombre d'entreprises étrangères qui jusqu'alors préféraient les villes du littoral, Shanghai en tête.

Le dessinateur Hergé rencontre son ami chinois Tchang, qui a servi de modèle pour deux albums de Tintin : « Le Lotus bleu » et « Tintin au Tibet ».

Tintin en Chine

Le Yangzi Jiang apparaît dans « Le Lotus bleu », le cinquième album de Tintin écrit par le dessinateur belge Hergé. À Shanghai, aux prises avec un trafiquant de drogues japonais, Tintin sera aidé par Tchang, un jeune orphelin qu'il sauve de la noyade dans les eaux du Yangzi Jiang.

Culture en terrasses dans la province du Yunnan

Trois fleuves

Le Yangzi Jiang, le Mékong et le Salouen, trois fleuves nés au Tibet, contournent l'Himalaya pour traverser côte à côte la chaîne du Hengduang, dans le Yunnan (province de Chine). Les fleuves coulent dans d'étroites et profondes vallées séparées par des pics de 6 000 m d'altitude. Ce site exceptionnel abrite une nature unique : six mille espèces de plantes, certaines préhistoriques, et des animaux rares, léopard des neiges, panthère nébuleuse, panda roux ou macaque ours.

Le saviez-vous ?

Sur la roche
Dans la région de Dazu, près de Chongqing, des falaises ont été sculptées entre le IXe et le XIIIe siècle. Elles racontent la vie quotidienne sous les dynasties chinoises des Tang et des Song et montrent que trois religions, bouddhisme, taoïsme et confucianisme, étaient pratiquées ensemble, sans conflit.

Capitale du Sud

Fondée au Ve siècle avant notre ère, Nanjing (Nankin) raconte l'histoire de la Chine. Du IIIe au XIXe siècle, elle fut plusieurs fois capitale d'empire, au cœur de la vie politique, artistique et religieuse. Au XXe siècle, elle devint capitale de la république de Chine dirigée par Jiang Jieshi (Tchïang Kaï-chek), jusqu'au début de la guerre contre le Japon, en 1937. Aujourd'hui métropole de 6 millions d'habitants, Nanjing est un important centre industriel et technologique.

Temple à Nanjing

Né en haute montagne, le Huang He s'écoule aux portes du désert. Sa vallée fut le berceau de la civilisation chinoise ; elle est aujourd'hui le cœur agricole du pays le plus peuplé du monde. Surexploité, le fleuve s'épuise.

Le Huang He

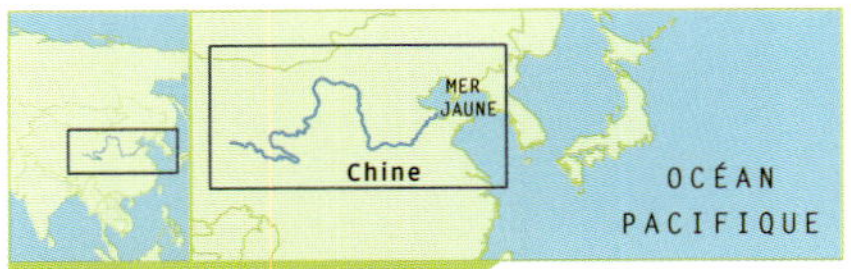

FICHE D'IDENTITÉ

- Longueur : 4845 km (4e mondial)
- Débit moyen : 1300 m³/s
- Bassin : 745000 km²
- Source : Monts Kunlun, sur les plateaux du Tibet, à 4500 m d'altitude, en Chine
- Embouchure : Mer Jaune, Océan Pacifique
- Pays traversé : Chine
- Principales villes traversées : Lanzhou, Yinchuan, Wuhai, Baotou, Zhengzhou, Kaifeng, Jinan, Dongying

Grottes bouddhiques de Longmen, près de Luoyang, dans la province de Henan

Aux origines de la Chine

Le Huang He et sa vallée aux sols fertiles, favorables à l'agriculture, a vu naître, il y a 4000 ans, l'actuelle civilisation chinoise, la plus ancienne du monde. Son histoire est un enchaînement de brillantes dynasties, chacune menée par des empereurs issus d'une même famille, jusqu'au début du XXe siècle. La vallée du Huang He compte plusieurs anciennes capitales impériales, telles Luoyang, Xi'an, Zhengzhou, Kaifeng, à partir desquelles les dynasties successives menèrent des guerres de territoire jusqu'à former la Chine actuelle. La civilisation chinoise inventa le papier, le gouvernail, la boussole, le cerf-volant, la poudre à canon, les feux d'artifice…

Montagnes sacrées

La Chine compte plusieurs montagnes sacrées des religions bouddhique et taoïste. Trois d'entre elles, Hua Shan, Song Shan et Tai Shan (shan signifiant « mont » en mandarin), sont situées près du Huang He. Leurs flancs escarpés comptent un grand nombre de temples. Une légende raconte que, dans le monastère bouddhique shaolin, sur le mont Song, aurait été créé le kung-fu du même nom. Aujourd'hui, les montagnes sacrées sont d'importantes destinations touristiques.

Figure de kung-fu shaolin

Assèchement

Le Huang He arrose une région aride habitée par 300 millions de personnes, dans le nord de la Chine. Ses eaux sont exploitées sans mesure pour l'agriculture, l'industrie et les villes, dont Beijing (Pékin), la capitale. Pour faire face à l'aggravation des sécheresses, la Chine a prévu d'acheminer l'eau du Yangzi Jiang vers les fleuves du nord. Ces travaux colossaux et les quantités d'eau détournées inquiètent les défenseurs de la nature et les habitants des régions orientales du Yangzi Jiang.

Lit asséché du Huang He à Zhengzhou

Le saviez-vous ?

Muraille chinoise
La Grande Muraille de Chine est un mur long de plus de 6 250 km, construit entre le IIIe siècle avant notre ère et le XVIIe siècle, pour protéger l'Empire chinois des invasions, de Mongolie en particulier. Cet ouvrage, le plus grand jamais construit, s'étire en plusieurs tronçons dans le nord de la Chine.

Le fleuve Jaune

Le Huang He traverse une région couverte d'un mélange de sable, argile et roches broyées déposé par le vent il y a des milliers d'années et aujourd'hui solidifié. Ce sol jaunâtre, ou lœss, conserve bien l'eau et facilite l'agriculture. Mais il est rongé par le fleuve, qui se charge de boue et dont les berges se fragilisent. Dans le passé, le Huang He a souvent changé son chemin vers la mer (sur une distance comme du Havre à Bordeaux), inondant tout sur son passage.

Les eaux boueuses du Huang He l'ont fait appeler fleuve Jaune. Ici, lors d'une crue près de Xi'an.

Le Mékong, fleuve tumultueux, arrose une nature immensément riche et nourrit des millions de personnes. Des barrages menacent ces ressources et l'alimentation de pêcheurs et de paysans vivant au rythme de l'eau.

Le Mékong

Paysanne dans une rizière du delta du Mékong au Vietnam

Sauvage et nourricier

Le Mékong court de gorges en précipices depuis la Chine, dévale les monts de Birmanie, de Thaïlande et du Laos, s'apaise en plaine, puis bouillonne encore. Au Cambodge, il s'étale en bras sinueux et rejoint la mer au Vietnam, dans un delta géant. Ce fleuve international est encore peu aménagé, les régions qu'il traverse ayant longtemps souffert de la guerre. Désormais, projets et constructions s'accélèrent : barrages pour produire de l'électricité, travaux pour améliorer la voie navigable… Certains d'entre eux, en Chine et au Laos, vont détourner de grandes quantités d'eau et empêcher la migration des poissons. Or la pêche et les inondations du Mékong favorables à la culture du riz font vivre des millions de personnes.

FICHE D'IDENTITÉ

Longueur : 4200 km environ

Débit moyen : 15000 m³/s (10e mondial

Bassin : 800000 km²

Source : Tanggula Shan (ou monts Tanggula), sur les plateaux du Tibet, vers 5000 m d'altitude, en Chine

Embouchure : Mer de Chine méridionale

Pays traversés (ou frontaliers) : Chine, Myanmar (Birmanie), Laos, Thaïlande, Cambodge, Vietnam

Villes traversées : Luang Prabang, Vientiane, Savannakhet, Pakse, Phnom Penh, Can Tho

Le saviez-vous ?

Marchés flottants

Le delta du Mékong est une immense région de canaux et de marais où sont cultivés du riz, des fleurs, des fruits, des légumes et élevés des poissons et des crevettes. Ces produits sont vendus localement sur des marchés flottants, où l'on fait ses courses en bateau, mais aussi dans le monde entier.

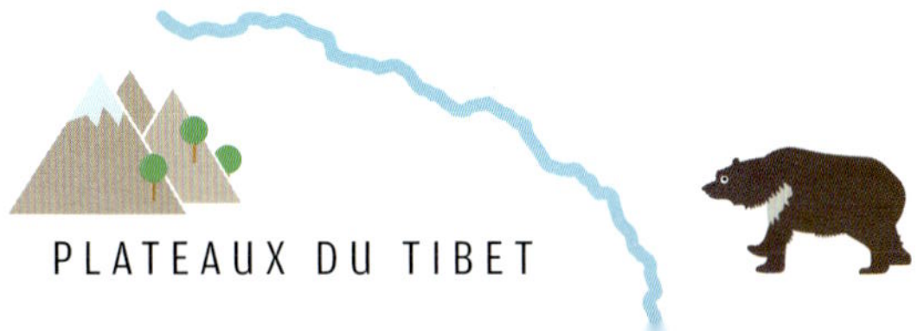

Nouvel An lao

Au Laos, le Nouvel An de la religion bouddhique est fêté en avril, mois très chaud du début de la saison des pluies (mousson). À Luang Prabang, ancienne cité royale sur les bords du Mékong, cette célébration appelée Pi Mai (fête de l'Eau) dure une semaine. Les maisons, les temples, les statues de Bouddha sont lavés et décorés de fleurs. Les défilés religieux et les passants sont arrosés. Et des animaux, oiseaux, poissons, grenouilles, sont remis en liberté.

Fête de Pi Mai à Luang Prabang

Inondations

Le Tonlé Sap est un lac relié au Mékong. À la saison des pluies, les eaux de crue du fleuve se déversent dans le lac. Celui-ci déborde à son tour, formant alors des zones de forêts inondées où les poissons viennent se reproduire. À la saison sèche, le lac rend au fleuve ses eaux abondantes en poissons, que des filets de pêche retiennent en partie. Mais ces ressources diminuent, à cause de la pollution, d'une pêche excessive et d'inondations moins fortes.

Village flottant du Tonlé Sap, au Cambodge

Toilette d'un éléphanteau dans le Mékong

Drôles de bêtes

Une grenouille chanteuse, un singe sans nez, un poisson-chat rampant sur terre, une plante carnivore se régalant de souris, un lézard qui fait des petits tout seul : ces drôles de bêtes font partie des 1 700 nouvelles espèces découvertes dans le bassin du Mékong depuis 1997, soit un rythme de deux par semaine. Cette région d'une richesse unique abrite aussi des espèces devenues rares, comme le tigre d'Indochine, le dauphin de l'Irrawaddy ou l'éléphant d'Asie.

Le Nil gagne en montagne la puissance nécessaire pour traverser 3 000 km de désert. Fleuve sacré des pharaons, fleuve indispensable aujourd'hui comme hier pour des populations en manque d'eau, le Nil est précieux et fragile.

Le Nil

Temple dédié à Isis, la Grande Déesse, sur l'île d'Agilkia

Une crue bienfaitrice

Depuis des millénaires, à chaque saison des pluies, le Nil grossit sur les massifs très arrosés d'Afrique équatoriale. En Éthiopie, il dévale les pentes en arrachant de la terre volcanique. Ainsi chargé de limon noir, une boue très riche, le fleuve arrive dans le désert. Là, plus de pente, il s'étale donc dans les plaines. Quand il se retire, le limon s'est déposé sur les terres, les rendant très fertiles. Grâce à ce phénomène, auquel a mis fin le barrage d'Assouan en 1971, les berges du Nil ont commencé à être cultivées il y a 7 000 ans. Elles ont vu l'essor de civilisations majeures en Égypte et au Soudan. Entre 3100 et 30 avant notre ère, l'Égypte des pharaons a prospéré grâce au fleuve, et au désert qui l'a protégée des envahisseurs.

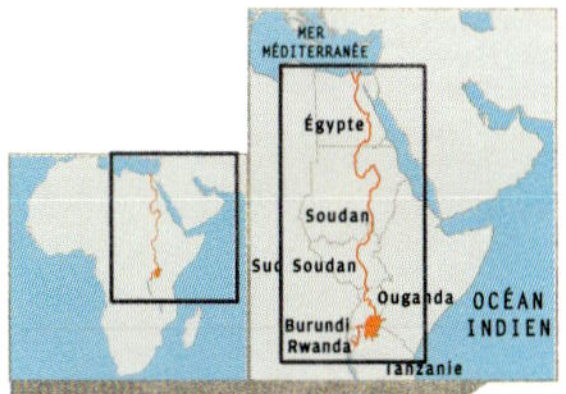

FICHE D'IDENTITÉ

Longueur : 6700 km (2e mondial)

Débit moyen : 2830 m³/s

Bassin : 3 000 000 km² (4e mondial)

Source : Forêt de Nyunggwe, à 2428 m d'altitude, au Rwanda. Le Nil est formé du Nil Blanc et du Nil Bleu qui se rejoignent à Khartoum, au Soudan. Le Nil Blanc a la source la plus lointaine.

Embouchure : Mer Méditerranée

Pays traversés (ou frontaliers) : Rwanda, Burundi, Tanzanie, Ouganda, Sud-Soudan, Soudan, Éthiopie, Égypte

Principales villes traversées : Juba, Khartoum, Assouan, Louxor, Le Caire

Le fleuve, la vie, la mort

La société de l'Égypte antique adorait de nombreuses divinités, dont le dieu Soleil. Le Nil lui-même était sacré: Hapi, le dieu de la Crue, était attendu chaque année pour les cultures. Le fleuve était au centre de la vie et de la mort des Égyptiens. Sa rive orientale était celle des vivants, les temples et les habitations y furent construits. Sa rive ouest était celle des morts. Les pyramides, tombeaux des pharaons, rois et dieux vivants, s'y trouvent encore.

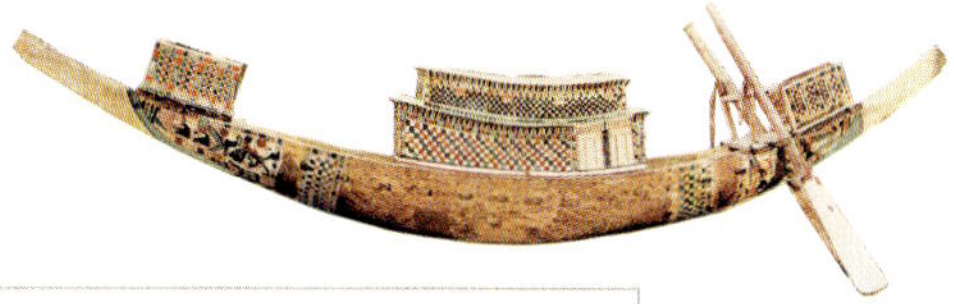

Bateau royal retrouvé dans le tombeau du pharaon Toutankhamon

Hutte dans les marais autour du Nil Blanc dans le Sud-Soudan

Dans les marais du Nil Blanc

Sur le cours du Nil Blanc se trouve l'un des plus grands marais du monde, le Sadd, entouré d'une zone inondable grande comme le Royaume-Uni. Cette région à l'histoire mouvementée est habitée par les Dinka, un peuple de pasteurs guerriers. Elle a été le théâtre de deux guerres civiles opposant l'État du Soudan à une rébellion menée par un combattant dinka, le colonel John Garang. En 2011, après cinquante ans de conflit, cette région est devenue le cœur d'un nouveau pays: le Sud-Soudan.

Une eau disputée

Un traité signé en 1959 permet à l'Égypte de s'opposer à tout projet de barrage sur le Nil. Aujourd'hui, le Soudan, l'Éthiopie et d'autres pays riverains veulent utiliser les eaux du fleuve pour produire de l'énergie et irriguer leurs terres agricoles. Mais l'Égypte est hostile à ces projets, qui la priveraient d'une partie de l'eau du Nil. Des discussions ont lieu depuis 1999, en vain.

Les chutes de Kabalega en Ouganda

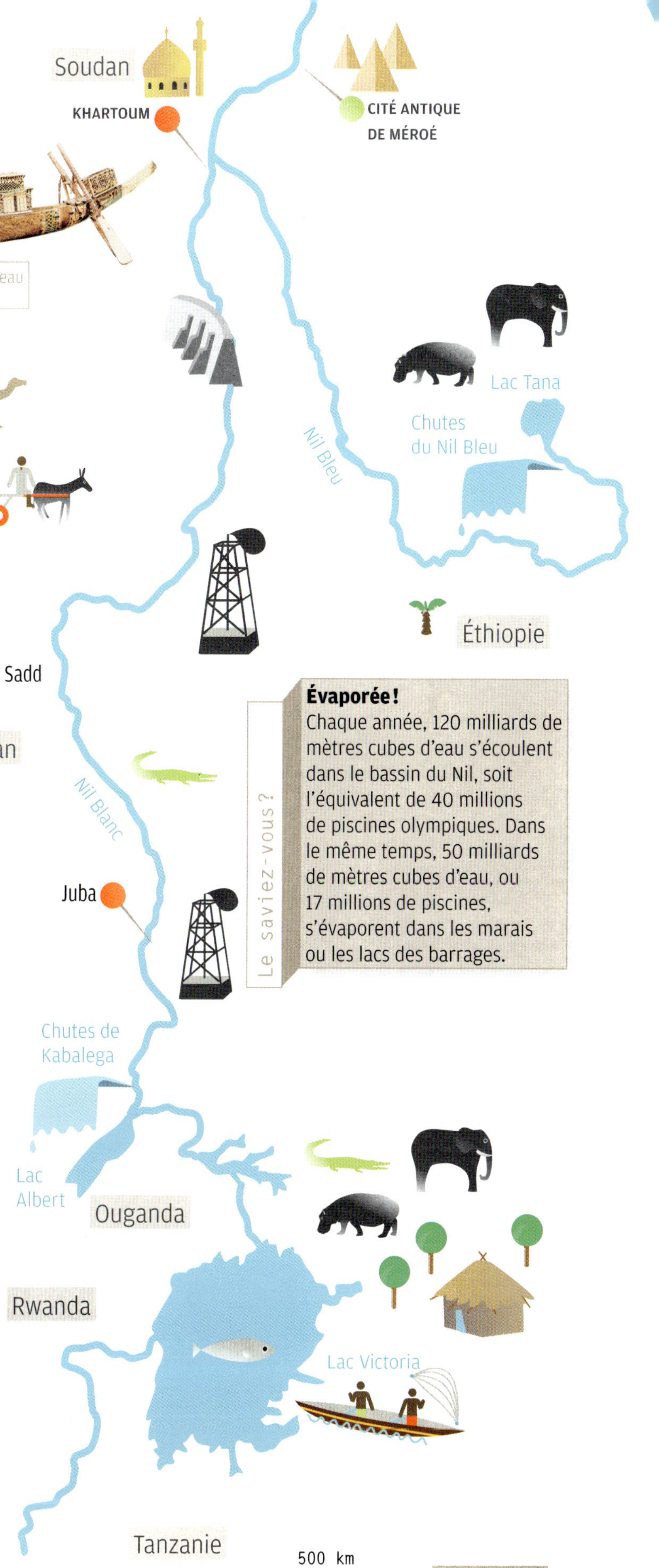

Le saviez-vous ?

Évaporée!
Chaque année, 120 milliards de mètres cubes d'eau s'écoulent dans le bassin du Nil, soit l'équivalent de 40 millions de piscines olympiques. Dans le même temps, 50 milliards de mètres cubes d'eau, ou 17 millions de piscines, s'évaporent dans les marais ou les lacs des barrages.

Pourquoi y a-t-il des tensions autour des fleuves ?

Barrage Atatürk construit sur l'Euphrate, en Turquie

Un fleuve s'écoule à partir d'une région de reliefs (montagne, colline, plateau...) et « descend » vers la mer, traversant différentes régions ou différents pays. Imaginons un État possédant la source d'un fleuve et un autre, son embouchure. Le premier peut un jour décider de construire un barrage sur le fleuve pour produire de l'électricité, par exemple. Le barrage, une fois construit, va retenir une partie des eaux du fleuve et en priver l'autre État, qui aura toutes les raisons d'être mécontent.

COMMENT RÉAGISSENT LES PAYS ?

Les pays où naissent les fleuves sont en position de force, car ils peuvent priver d'eau leurs voisins. Ainsi, la Turquie maîtrise les eaux du Tigre et de l'Euphrate aux dépens de la Syrie et de l'Irak. À l'inverse (mais le cas est unique), l'Égypte contrôle les eaux du Nil né en Éthiopie et au Rwanda, grâce à une loi internationale de 1959. Mais les autres pays s'opposent aujourd'hui à l'Égypte car ils souhaitent construire des barrages sur le fleuve.

Enfants jouant dans un canal asséché entre le Tigre et l'Euphrate, près de Bagdad, en Irak

DES ACCORDS SONT-ILS POSSIBLES ?

Les États traversés par un même fleuve parviennent parfois à s'entendre sur le partage des eaux. Ainsi l'Inde et le Pakistan, en guerre durant les années 1960, n'ont jamais arrêté leurs travaux communs d'aménagement de l'Indus. En Asie du Sud-Est, des discussions ont lieu entre les pays du Mékong. Toutefois, la Chine refuse d'y participer et de renoncer à ses projets de barrages qui, une fois construits, pourraient retenir la moitié des eaux du fleuve.

Fleuve de région aride, témoin du brillant passé du Mali, le Niger est affaibli par un climat de plus en plus sec et des pollutions démesurées. Sur ses berges, les villageois souffrent des transformations du fleuve.

Le Niger

Chaque année, les éleveurs peuls conduisent leurs troupeaux du Sahel vers le delta intérieur du Niger, au Mali.

Fleuve en péril

De la forêt aux marécages de son embouchure, en passant par le Sahel et le désert du Sahara, le Niger fait vivre plus de 100 millions de personnes. C'est une source d'eau potable et un lieu de pêche, de cultures et d'élevage. Dans le delta intérieur du Niger, au Mali, ces activités alternent au rythme des inondations : pêche en hautes eaux, pâturage et cultures en basses eaux. Mais, depuis quarante ans, les sécheresses se multiplient, les crues diminuent, le fleuve s'ensable. La population, pauvre en majorité, augmente vite.
Et les villes déversent de plus en plus d'eaux usées dans le fleuve. En 2008, les États riverains ont décidé d'agir ensemble pour protéger le Niger et continuer à vivre et à se développer grâce à lui.

Le saviez-vous ?

Voir Tombouctou
L'explorateur français René Caillié est le premier Occidental à être revenu de Tombouctou. Il a atteint cette cité interdite aux chrétiens en 1828, après avoir descendu en pirogue la rivière Bani puis le Niger à partir de Djenné. Durant son périple, il s'est fait passer pour un Égyptien musulman rentrant chez lui.

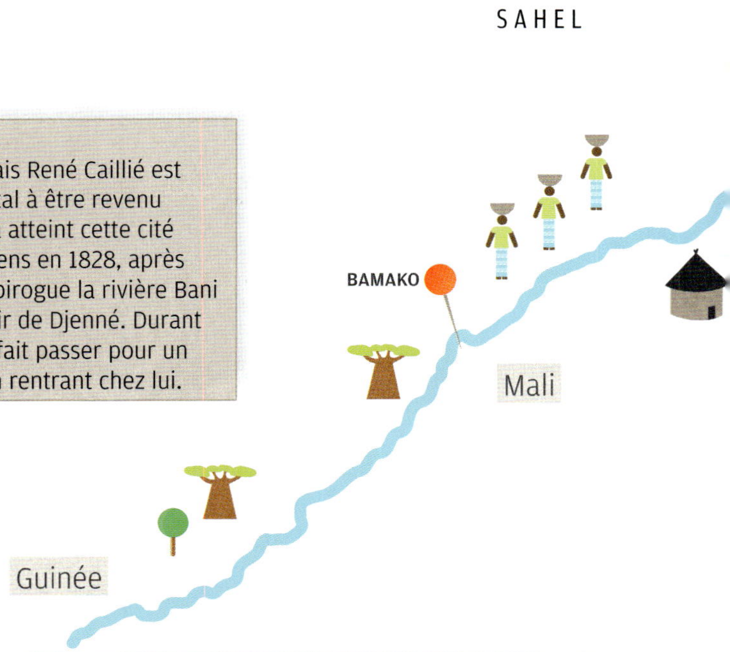

La richesse du delta intérieur

Le delta intérieur est une vaste zone inondable. Habitée par un million de personnes, elle est aussi le lieu de vie de nombreux animaux sauvages. De grands mammifères y ont disparu, mais on y rencontre encore des hippopotames, des lamantins, des chacals, des singes, des mangoustes, des pythons, des crocodiles... Le delta compte aussi 120 espèces de poissons et 350 espèces d'oiseaux. Chaque année, un milliard d'oiseaux migrateurs viennent de 80 pays pour y nicher.

Delta intérieur du Niger après la saison des pluies

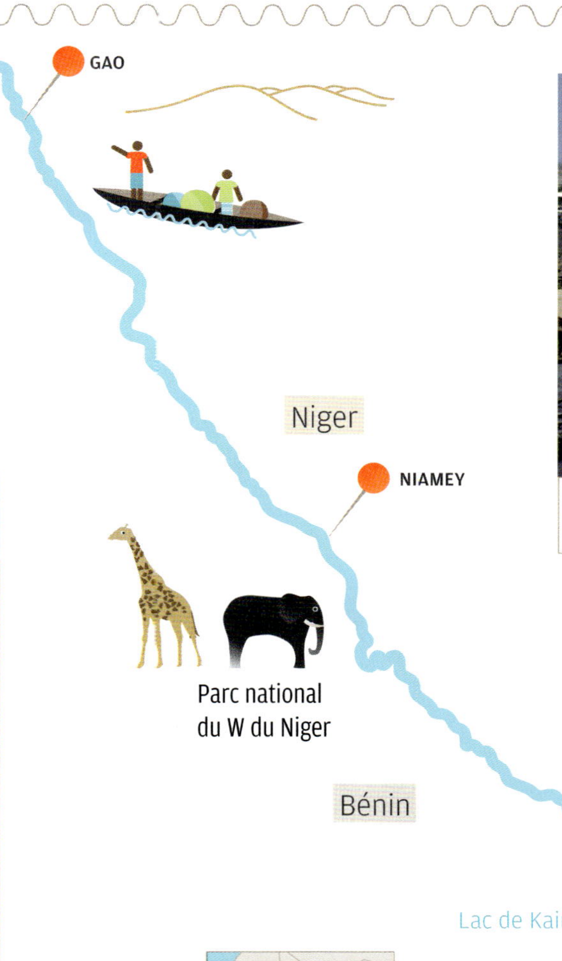

Installations pétrolières et village de Finima dans le delta du Niger au Nigeria

La pollution du pétrole

Le delta du Niger est riche en pétrole. Cela profite à l'État du Nigeria, à des compagnies pétrolières du monde entier, mais pas aux populations locales. Aussi des villageois ont-ils pris les armes pour réclamer leur part. Devenu zone de guerre, le delta est ravagé par le pétrole qui s'échappe d'installations mal entretenues ou détruites par les rebelles. Il subit, depuis cinquante ans, des marées noires quasi permanentes. Selon les Nations unies, une dépollution prendrait trente ans.

Mosquée à Tombouctou, au Mali

Les grands empires

De grands empires ont prospéré dans le bassin du Niger. Du VIIIe au XVIe siècle, des villes comme Djenné, Gao ou Tombouctou en étaient les centres culturels, religieux et commerciaux. L'empire du Mali était le plus puissant d'entre eux. Constitué par les Keita, un clan de la région de Bamako converti à l'islam, il vécut son âge d'or aux XIIIe et XIVe siècles. L'histoire de son fondateur, Soundiata Keita, est chantée depuis lors par des générations de griots, des conteurs gardiens de la mémoire.

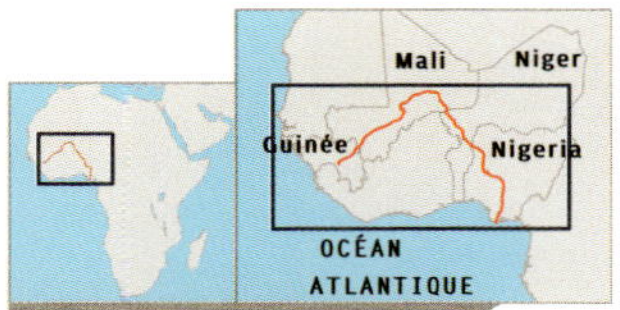

FICHE D'IDENTITÉ

Longueur : 4200 km
Débit moyen : 6100 m³/s
Bassin : 1100000 km²
Source : Montagnes du Fouta Djalon, à 800 m d'altitude, en Guinée
Embouchure : Océan Atlantique
Pays traversés (ou frontaliers) : Guinée, Mali, Niger, Bénin, Nigeria
Principales villes traversées : Bamako, Mopti, Tombouctou, Gao, Niamey, Onitsha

Quelles sont les ressources des fleuves ?

Depuis des millénaires, les populations humaines s'abreuvent et se nourrissent grâce aux fleuves. Ils sont aujourd'hui une source indispensable d'eau douce. Celle-ci est traitée et acheminée jusqu'aux robinets des habitations ou, dans beaucoup de régions pauvres, consommée telle quelle malgré la pollution et les microbes. Fleuves et rivières fournissent aussi des poissons, et de l'eau pour arroser les cultures, nourrissant ainsi des millions de personnes.

Cultures le long de l'Indus, dans la région du Ladakh, en Inde

COMMENT SONT UTILISÉS LES FLEUVES POUR L'AGRICULTURE?

Aujourd'hui, l'eau des fleuves est acheminée jusqu'aux cultures grâce à des canaux (voies d'eau artificielles) ou des aqueducs (tuyaux fermés). Des pompes peuvent aussi faire monter l'eau vers des terres situées au-dessus du fleuve. Ces techniques d'irrigation permettent de cultiver la terre, même là où il ne pleut pas. En Asie, où le riz pousse dans des champs inondés, l'eau apportée par la pluie, le fleuve en crue ou des canaux, est contenue par des digues (monticules de terre).

COMMENT SE NOURRIR DES FLEUVES?

À ses débuts, l'humanité vivait de chasse, de pêche et de cueillette. De ces trois activités, seule la pêche s'est développée à très grande échelle. Aujourd'hui, poissons et crustacés sont pêchés dans les fleuves, de façon familiale ou commerciale. Mais ils sont aussi élevés dans les lacs et les cours d'eau : l'aquaculture connaît depuis 1980 un essor rapide. Il y a désormais dans le monde plus de poissons d'eau douce issus de l'aquaculture que de la pêche.

Pêcheurs sur le Mékong, au Vietnam

Le Congo traverse la forêt dense, au cœur du continent africain. Ce fleuve est une voie de circulation et un lieu d'échanges : voyageurs et marchandises vont et viennent sur son cours dont le tracé fait frontière.

Le Congo

FICHE D'IDENTITÉ

Longueur : 4700 km (5e mondial)

Débit moyen : 39200 m³/s (2e mondial)

Bassin : 3800000 km² (2e mondial)

Source : Plateau du Katanga, à 1420 m d'altitude, en République démocratique du Congo. Le Congo s'appelle Lualaba de sa source à Kisangani.

Embouchure : Océan Atlantique

Pays traversés (ou frontaliers) : République démocratique du Congo, République du Congo, Angola

Principales villes traversées : Kisangani, Mbandaka, Kinshasa, Brazzaville, Matadi

Le trajet en barge entre Kinshasa et Kisangani (1 730 km) dure plusieurs semaines.

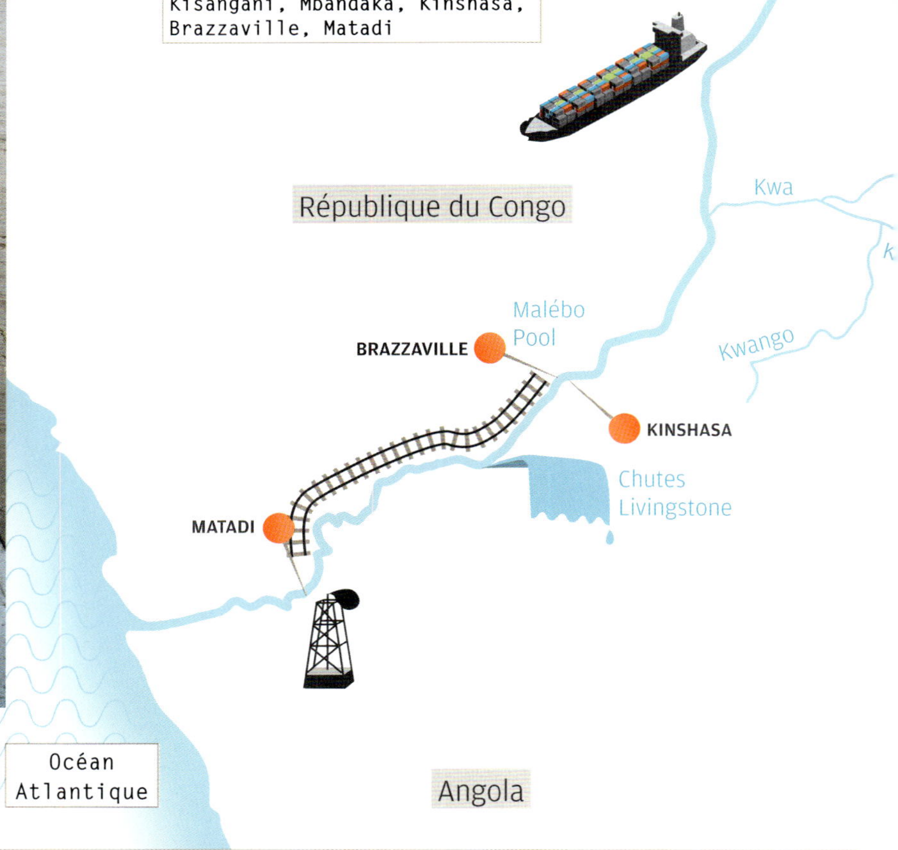

Au fil de l'eau

Le Congo, fleuve géant d'Afrique noire, traverse d'épaisses forêts tropicales. Aussi le voyage sur l'eau est-il ici incontournable. Entre Kisangani et le Malébo Pool, site où le fleuve s'élargit pour accueillir les capitales des deux Congo, Kinshasa et Brazzaville, le trafic fluvial est intense. Des pirogues croisent des baleinières du siècle dernier ; des bateaux au moteur puissant transportent des passagers au coude à coude et poussent des barges plates où s'entassent bois, sel, ciment, coton ou cosmétiques. Quand des chutes ou des rapides interdisent la navigation, le chemin de fer prend le relais pour acheminer voyageurs et marchandises d'une province ou d'un pays à l'autre.

Stanley et Brazza

En 1879, l'explorateur britannique Henry Morton Stanley se met au service du roi des Belges, Léopold II, pour coloniser la rive gauche du fleuve Congo. En 1881, il crée Léopoldville, devenue Kinshasa, capitale de l'actuelle République démocratique du Congo. Un an plus tôt, sur l'autre rive, l'explorateur français Pierre Savorgnan de Brazza crée Brazzaville, capitale de l'actuelle République du Congo. Si la ville a gardé son nom, c'est sans doute parce que Brazza, contrairement à Stanley, lutta contre les violences faites aux indigènes.

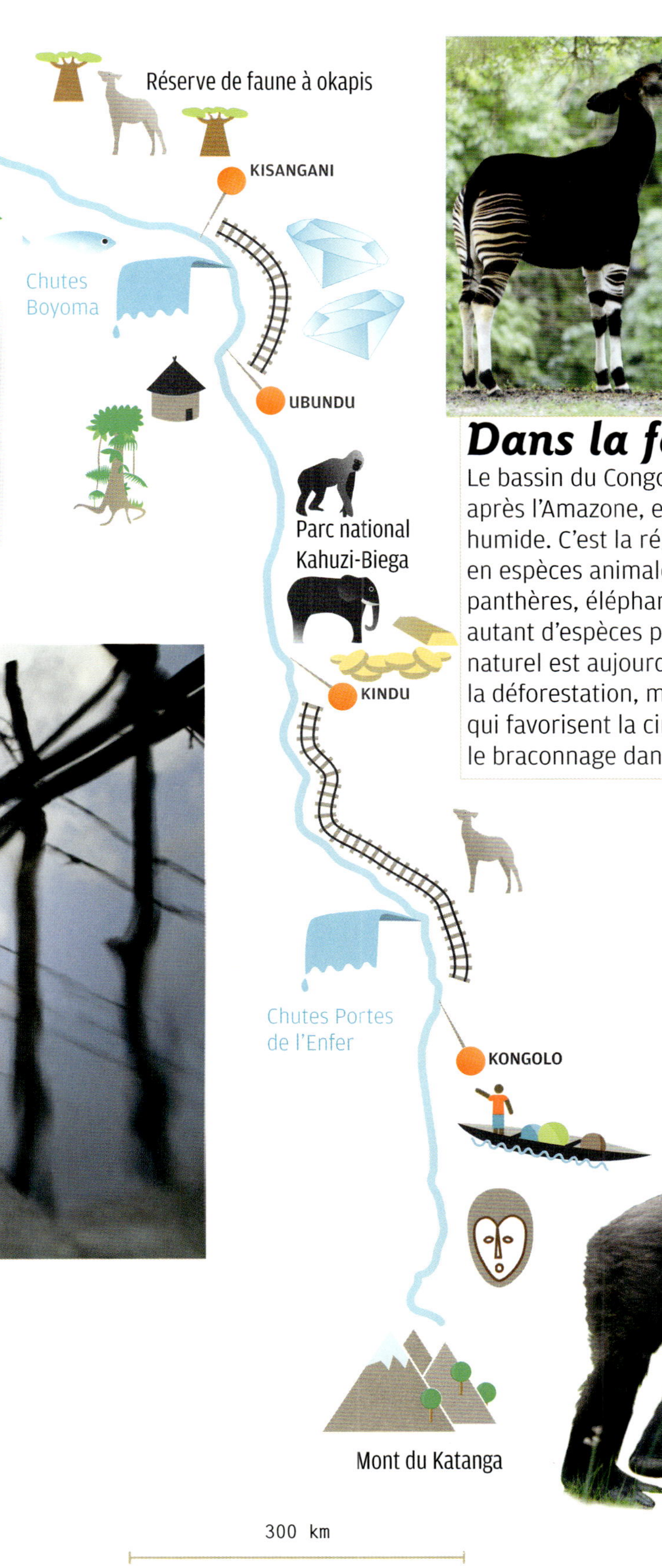

Le saviez-vous ?

Une vallée sous la mer
Le Congo forme à son embouchure un canyon sous-marin unique au monde. Le fleuve déverse dans cette vallée engloutie de grandes quantités d'alluvions. Ce mélange de sable, terre, roches broyées et déchets de plantes et d'animaux s'écoule ainsi jusqu'à des profondeurs abyssales, 5 000 m plus bas.

Les okapis sont aujourd'hui victimes des braconniers.

Dans la forêt

Le bassin du Congo, le plus grand du monde après l'Amazone, est situé en zone tropicale humide. C'est la région d'Afrique la plus riche en espèces animales et végétales. Lions, panthères, éléphants, okapis, gorilles sont autant d'espèces protégées. Ce trésor naturel est aujourd'hui mis en péril par la déforestation, mais aussi par les conflits, qui favorisent la circulation des armes et le braconnage dans les parcs nationaux.

Pêcheurs wagenias au-dessus des chutes Boyoma

Pêcheurs funambules

La pêche est beaucoup pratiquée, de façon artisanale, par des villageois qui vendent leurs poissons sur les marchés locaux. Ainsi, à Kisangani, une partie des poissons provient d'un site où la technique de pêche n'a pas changé depuis des siècles. Les hommes de l'ethnie wagenia pêchent sur les rapides du fleuve grâce à des échafaudages en bois équipés de grands cônes tressés qui piègent les poissons. Ces sites de pêche sont transmis dans les familles depuis des générations.

Gorille femelle transportant son petit sur son dos

Chutes vertigineuses, animaux à profusion, espaces naturels préservés : autant de richesses qui attirent sur le Zambèze des touristes du monde entier et alimentent l'économie régionale.

Le Zambèze

Les chutes Victoria et le pont, construit en 1905, qui surplombe le Zambèze entre la Zambie et le Zimbabwe

Un fleuve spectaculaire

Le parcours du Zambèze à travers les plateaux d'Afrique australe est parsemé de rapides, dont les chutes Victoria, les plus grandes du monde. Leur origine remonte à 200 millions d'années. Le sol était alors recouvert d'une coulée de lave qui s'est durcie et fissurée en refroidissant. Des failles se sont ouvertes dans ce basalte, donnant accès à du grès, une roche plus tendre. Quand le Zambèze s'est mis à couler, il y a 500 000 ans, il a plongé dans une faille, rongé le grès et creusé des gorges dont il a fait son lit. Il creuse toujours, sous les yeux d'un million et demi de visiteurs chaque année. Des touristes qui viennent aussi faire des safaris et pratiquer des sports extrêmes : saut à l'élastique ou rafting dans les flots bouillonnants du fleuve.

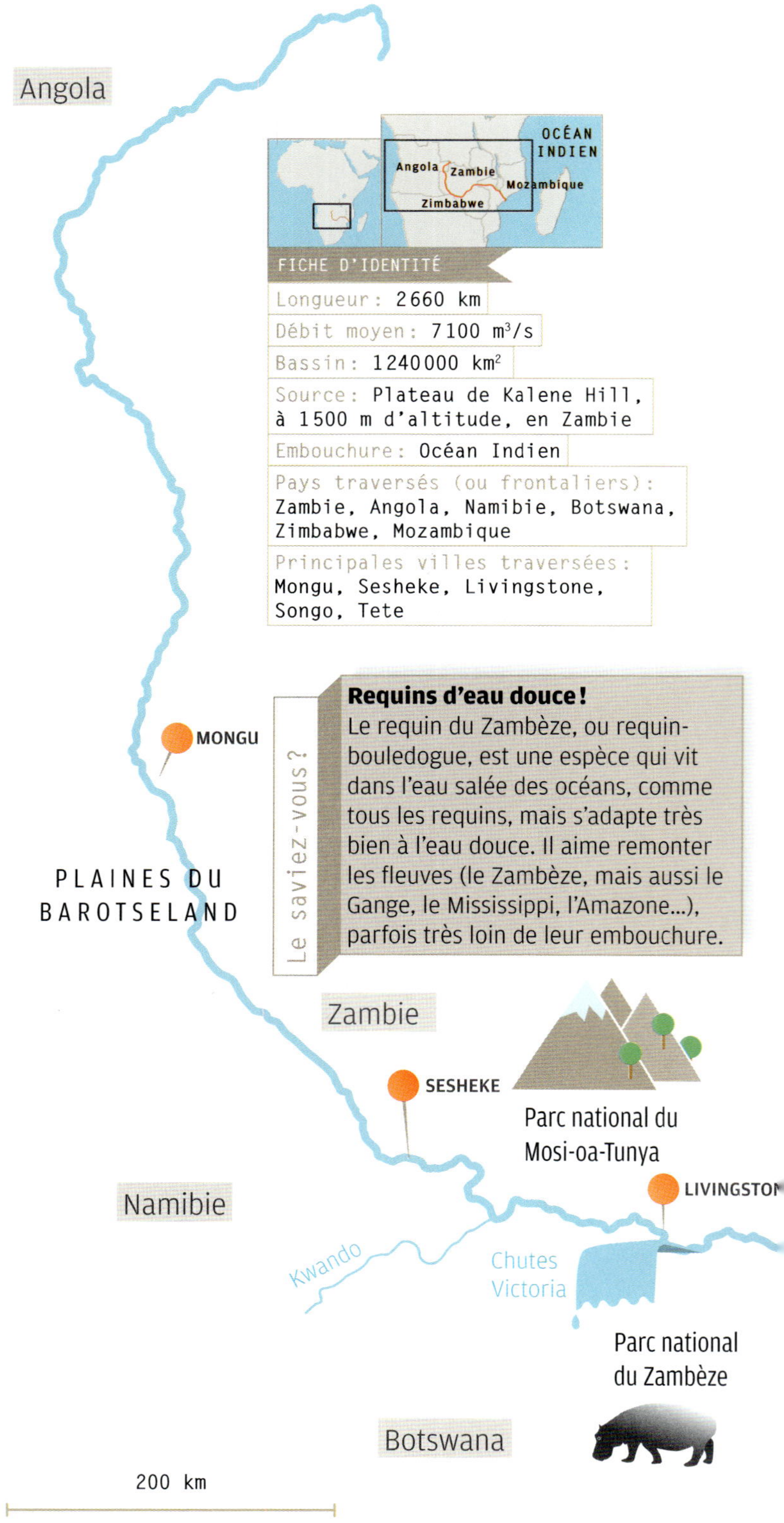

FICHE D'IDENTITÉ

Longueur : 2660 km

Débit moyen : 7100 m³/s

Bassin : 1240000 km²

Source : Plateau de Kalene Hill, à 1500 m d'altitude, en Zambie

Embouchure : Océan Indien

Pays traversés (ou frontaliers) : Zambie, Angola, Namibie, Botswana, Zimbabwe, Mozambique

Principales villes traversées : Mongu, Sesheke, Livingstone, Songo, Tete

Le saviez-vous ?

Requins d'eau douce !

Le requin du Zambèze, ou requin-bouledogue, est une espèce qui vit dans l'eau salée des océans, comme tous les requins, mais s'adapte très bien à l'eau douce. Il aime remonter les fleuves (le Zambèze, mais aussi le Gange, le Mississippi, l'Amazone…), parfois très loin de leur embouchure.

Au rythme de la crue

Dans le Barotseland, en Zambie, le peuple lozi vit dans la vallée inondable du Zambèze. Chaque année, entre février et mai, les Lozis abandonnent leur village au fleuve et migrent vers des terres plus élevées. C'est l'occasion d'une cérémonie, le Kuomboka, durant laquelle le roi lozi et sa famille quittent Lealui, la capitale de la saison sèche, pour Limilunga, celle de la saison des pluies. Le retour a lieu en juillet, quand l'eau laisse place à des plaines humides, propices aux cultures.

Fête du Kuomboka en Zambie

Les hippopotames protègent leur peau du soleil en restant dans l'eau.

Safaris touristiques

Sur les berges du Zambèze vivent beaucoup de grands animaux africains : éléphants, hippopotames, buffles, girafes, zèbres, antilopes, lions, léopards, guépards, hyènes, crocodiles... Des parcs nationaux et des aires de safari ont été créés en Zambie et au Zimbabwe notamment. Ils permettent de protéger les animaux, mais aussi d'organiser des safaris et de la chasse contrôlée. Une partie de la population de ces régions peut ainsi vivre de ces activités.

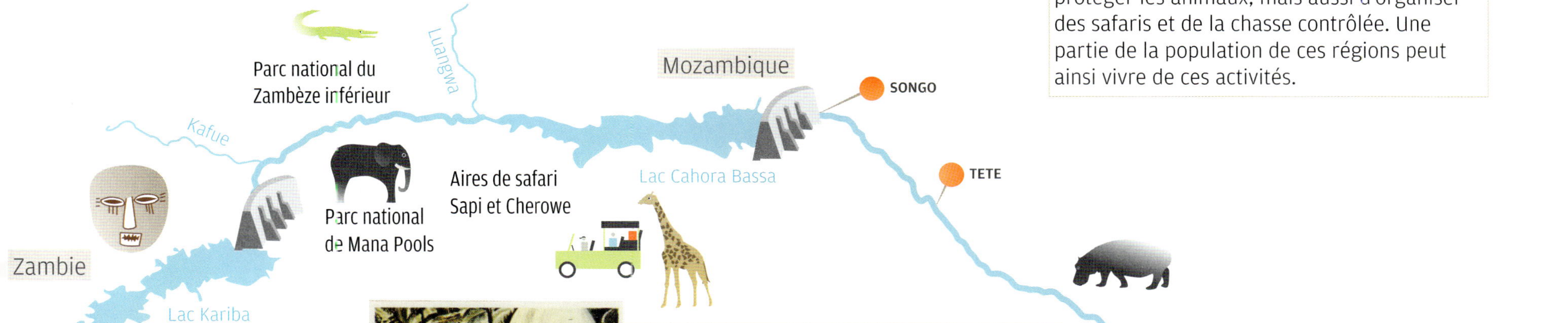

Disparu pendant 5 ans, Livingstone est retrouvé par le journaliste Stanley.

L'Afrique de Livingstone

En 1851, David Livingstone est le premier Blanc à voir le Zambèze. Cela fait alors dix ans que ce pasteur écossais parcourt cette région d'Afrique pour convertir les indigènes au christianisme. Il se consacre ensuite à l'exploration et à la lutte contre la traite des esclaves. Il parcourt le bassin du Zambèze, découvre les chutes Victoria en 1855. À partir de 1866, il explore la région des Grands Lacs. À la recherche des sources du Nil, il tombe sur la Lualaba, affluent du fleuve Congo.

Le fleuve Murray et son affluent principal, la Darling, forment une source d'eau essentielle en Australie, le continent le plus sec du monde. Mais la sécheresse grandissante menace ce trésor naturel.

Le Murray

Gommiers rouges sur les rives du Murray en Nouvelle-Galles du Sud

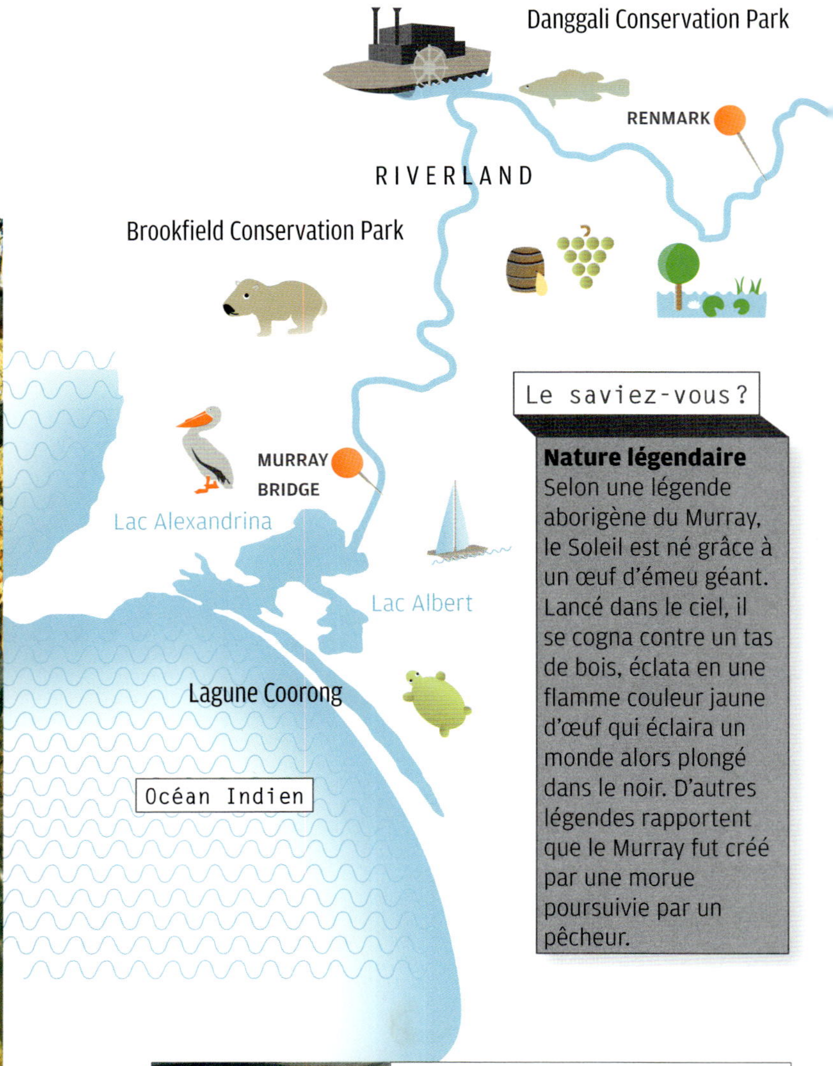

De l'eau dans le désert

Il y a plus de deux cents ans, les Européens ont cherché en vain l'embouchure du Murray, barrée par une longue bande de terre. C'est par ses berges, à la hauteur d'Albury, que deux Britanniques atteignent le fleuve en 1824. Fermiers et éleveurs les suivent et la région se transforme. Les moutons prolifèrent. Les villes croissent. Les bateaux à vapeur se multiplient. Echuca devient un grand port, relié par le rail à Melbourne, grande cité australienne. À Mildura, un premier système d'irrigation arrose les plaines arides. D'autres suivent ailleurs, des barrages sont érigés, les inondations sont contrôlées. Le long du Murray, dans les régions du Riverland, de la Riverina, l'agriculture s'impose. Elle est aujourd'hui au cœur de l'économie australienne.

Le saviez-vous ?

Nature légendaire
Selon une légende aborigène du Murray, le Soleil est né grâce à un œuf d'émeu géant. Lancé dans le ciel, il se cogna contre un tas de bois, éclata en une flamme couleur jaune d'œuf qui éclaira un monde alors plongé dans le noir. D'autres légendes rapportent que le Murray fut créé par une morue poursuivie par un pêcheur.

L'embouchure du Murray et la lagune Coorong

Sauver le Murray

L'Australie vit une sécheresse exceptionnelle qui vide le Murray de ses eaux. Aussi, de sévères mesures ont été mises en place. Le prix de l'eau a augmenté. Les droits de la pomper dans le fleuve ont diminué. Son gaspillage dans les villes est puni par la loi. Les agriculteurs doivent favoriser des cultures peu gourmandes en eau : l'olivier, l'amandier, la vigne... Mais le climat se réchauffe partout sur la planète, et l'avenir du Murray et de ses affluents n'est pas encore assuré.

Lit asséché du lac Hume dans le bassin du Murray-Darling

Animaux uniques

Dans le bassin du Murray vivent des animaux que l'on ne trouve qu'en Australie. Aussi, de nombreux parcs naturels ont été créés pour les protéger. On y rencontre des koalas, des émeus (sorte d'autruches australiennes), des wombats, ou rats à poche, et bien sûr des kangourous. Dans les eaux du fleuve vivent et se cachent des écrevisses d'une drôle de couleur bleue et des morues dites du Murray. Ce gros poisson carnivore est au cœur de légendes aborigènes.

Kangourou et son petit

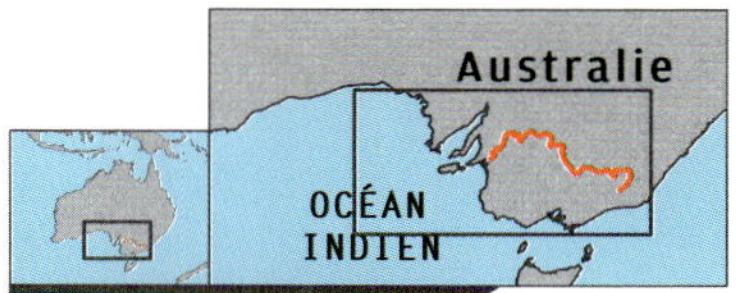

FICHE D'IDENTITÉ

- Longueur : 2589 km
- Débit moyen : 350 m³/s
- Bassin : 1073000 km²
- Source : Mont Pilot, dans la Cordillère australienne, à 1800 m d'altitude
- Embouchure : Océan Indien
- Pays traversé (ou frontalier) : Australie
- Principales villes traversées : Albury, Wodonga, Echuca, Swan Hill, Mildura, Renmark, Murray Bridge

Enfants aborigènes

Tragédie aborigène

Les Aborigènes habitent les berges du Murray depuis 40 000 ans. Mais ils ont été victimes, après l'arrivée des Européens, de violences et de maladies inconnues pour eux, comme la grippe. À la fin du XIXe siècle, il ne restait que des survivants regroupés dans des réserves. Jusqu'en 1970, leurs enfants ont été placés dans des institutions ou des familles blanches. L'État australien a demandé pardon aux Aborigènes, en 2007, pour ces mauvais traitements.

Petit lexique des fleuves

Affluent
Cours d'eau se jetant dans un cours d'eau plus important.

Alluvions
Mélange de sable, terre, roches broyées et déchets de plantes et d'animaux, transporté par les cours d'eau et déposé sur le sol et sur les berges.

Amont
Désigne le côté le plus haut d'un cours d'eau, le côté de la montagne, vers la source. On descend un cours d'eau de l'amont vers l'aval.

Aval
Désigne le côté le plus bas d'un cours d'eau, le côté de la vallée, vers l'embouchure. On remonte un cours d'eau de l'aval vers l'amont.

Bassin versant
Territoire dans lequel toutes les eaux qui coulent (ruisseaux, rivières) ou qui tombent (pluie, neige) se rejoignent dans un même fleuve. Le bassin versant est délimité par des sommets, appelés lignes de partage des eaux.

Confluent
Lieu où se rejoignent deux cours d'eau. On dit aussi point de confluence.

Débit
Quantité d'eau transportée par un cours d'eau en un point donné, mesurée en mètres cubes par seconde (m^3/s). Le débit moyen d'un fleuve est la moyenne de ses débits sur un mois, une année ou plusieurs années.

Delta
Embouchure d'un fleuve formée d'une avancée sur la mer. Les deltas se forment, durant des milliers d'années, dans les régions où les marées sont faibles et le fleuve chargé d'alluvions. Celles-ci peuvent alors s'accumuler à l'embouchure sans être délogées par les vagues. Les deltas sont de vastes territoires où le fleuve peut changer de chemin et se séparer en plusieurs bras.

Embouchure
Lieu où un cours d'eau se jette dans la mer ou dans un lac. Une embouchure sur la mer peut prendre la forme d'un estuaire ou d'un delta selon la force des marées et la quantité d'alluvions transportées par le fleuve.

Estuaire
Embouchure d'un fleuve, large et évasée, formant une vallée submergée. Dans un estuaire, les marées sont fortes, la mer remonte le fleuve et l'eau salée se mêle à l'eau douce.

Fleuve
Cours d'eau se jetant dans la mer et possédant un certain nombre d'affluents.

Lit
Lieu d'écoulement d'un cours d'eau. On appelle «lit mineur» l'espace limité par les berges et «lit majeur» ou «plaine d'inondation» le territoire maximum recouvert par le cours d'eau en crue.

Méandre
Grande boucle dans le cheminement d'un cours d'eau.

Rive droite
Rive d'un cours d'eau située sur la droite quand on regarde vers l'aval, c'est-à-dire vers l'embouchure pour un fleuve ou le confluent pour une rivière.

Rive gauche
Rive d'un cours d'eau située sur la gauche quand on regarde vers l'aval, c'est-à-dire vers l'embouchure pour un fleuve ou le confluent pour une rivière.

Rivière
Cours d'eau se jetant dans un autre cours d'eau (fleuve ou rivière) ou dans un lac.

Source
Lieu de naissance d'un cours d'eau. La source d'un fleuve est parfois difficile à déterminer. En effet, elle peut être celle de son affluent le plus long ou de celui qui a le débit le plus fort. Elle peut aussi être le lieu où le fleuve prend son nom, là où se rejoignent deux rivières. Les longueurs des fleuves peuvent donc varier selon la source choisie pour le mesurer.

Longueur des fleuves

- Amazone 7025 km
- Nil 6700 km
- Yangzi Jiang 5980 km
- Huange He 4845 km
- Congo 4700 km
- Mékong 4200 km
- Niger 4200 km
- Mississipi 3780 km
- Volga 3690 km
- Ienisseï 3354 km
- Gange 3090 km
- Rio Grande 3060 km
- Indus 3040 km
- Paraná 3000 km
- Danube 2850 km
- Euphrate 2780 km
- Zambèze 2660 km
- Murray 2589 km
- Colorado 2250 km
- Orénoque 2160 km
- Rhin 1320 km
- Saint-Laurent 1140 km

Crédits photographiques

4. Pont sur le Saint-Laurent à Trois-Rivières © Bertrand Riegier/Hemis.fr. Jacques Cartier, timbre, Wikipedia.
5. Beluga, Wikipedia; brise-glace sur le Saint-Laurent © Jean-François Souchard/Biosphoto.
6. Bateau à vapeur sur le Mississippi à la Nouvelle-Orléans © John Frumm/Hemis.fr.
7. Gare de Vicksburg, mai 2011, crue © Scott Olson/Getty images/Afp; bayous dans la région de Bâton-Rouge © Christian Heeb/Hemis.fr; Tom Sawyer dans le film éponyme © Ralf Juergens/Getty images/Afp.
8. Canyons du Dead Horse Point, Colorado © Pauline Daniel/Picturetank.
9. Spectacles à Las Vegas © Jorg Hackemann/Shutterstock; barrage Hoover à la frontière du Nevada et de l'Arizona © Andy/Fotolia; la Vallée Impériale en Californie © Thomas Barrat/Shutterstock.
10. Barrage Itaipú sur le fleuve Paraná © Jorge Saenz/AP/Sipa.
11. Barrage des Trois Gorges en Chine © Xinhua/Zuma/Réa.
12. Une famille mexicaine traverse le Rio Bravo © Omar Torres/Afp.
13. Ville pueblo de Taos au Nouveau-Mexique © Josemaria Toscano/Shutterstock; le Canyon de Santa Elena © Stéfano Torrione/Hémis; la Laguna Madre © Patricio Robles Gil/Sierra Madre/Minden Pictures/Corbis.
14. Indiens waraos sur l'Orénoque au Venezuela © Pawel Wysocki/Hemis.fr; portrait d'Alexander von Humboldt © Akg-images.
15. Puit de pétrole dans le delta de l'Orénoque © Piet den Blanken/Hh-Réa; crocodile © Seaskylab/Shutterstock.
16. Le fleuve Amazone, Brésil © Mauritius/Photononstop; poisson piranha © Guentermanaus/Shutterstock.
17. Perroquet aras d'Amazonie © Robyn Mackenzie/Shutterstock; vieux port de Manaus, Brésil © Robert Harding/Hemis.fr; carnaval de Parintins © Yasuyoshi Chiba/Afp; un boto © Guentermanaus/Shutterstock.
18. Chutes d'Iguaçu à la frontière entre le Brésil et l'Argentine © Rafael Martin-Gaitero/Shutterstock.
19. Eaux boueuses du Río de la Plata © Photo Nasa; poisson-chat © Coprid/Shutterstock; fête de la Yemanja sur les bords du Río de la Plata © Geronimo Molina/Sub.Coop/Picturetank.
20. Containers dans le port de Rotterdam, Pays-Bas © Jelle vd Wolf/Shutterstock.
21. Le Château du Katz dominant le Rhin, Allemagne © Harald Lueder/Shutterstock; une cigogne © Shutterstock; Dordrecht sur une île du delta du Rhin, Pays-Bas © Intrepix/Shutterstock.
22. Port de Montréal sur le Saint-Laurent © Philippe Renault/Hémis.fr.
23. Les eaux du lac Tonlé Sap © Pascal Sittler/Réa.
24. Budapest de nuit © Maryo/Shutterstock.
25. Musicien tsigane lors d'un mariage en Serbie © Tommaso Bonaventura/Contrasto-Réa; vue aérienne du delta du Danube, Roumanie © Petrut Calinescu/Panos-Réa; pélicans blancs du delta du Danube © Porojnicu Stelian/Shutterstock.
26. La ville de Kostroma en Russie © Shchipkova Elena/Shutterstock.
27. Construction d'un pont sur la Volga pendant la bataille de Stalingrad © Zelma/Ria Novosti/Afp; église immergée près de Kaliazine © Korobanova/Shutterstock; poupées russes © Ketsu/Shutterstock.
28. Les rives du Ieinisseï © Aleksandr Yurev/Afp.
29. Éleveurs de rennes du peuple dolgane © Fred Tanneau/Afp; mammouth découvert par un jeune Nenetse © Françis Latreille; affiche du film «Michel Strogoff» © Coll. Jonas/Kharbine-Tapabor.
30. Village de Qala'at Najem, un enfant pêche © Yves Gellie/Gamma/Rapho; Nadjaf, pèlerins autour du mausolée de l'Imam Ali, Irak © Yves Gellie/Hoa Qui/Rapho.
31. Statue de l'intendant Ebih-il © RMN, Droits réservés; Irakiens des marais déplacés © Chip Hires/Gamma-Rapho.
32. Mosaïques romaines de la ville antique de Zeugma en Turquie © Yves Gellie/Gamma.
33. Sur les rives du Tage, la ville de Tolède © Françis Cormon/Hémis.fr.
34. Leh Gompa, région du Laddak en Inde © Imagebroker/Scope-Image; déesse-mère trouvée à Mohenjo-Daro au Pakistan, civilisation de l'Indus © Luisa Ricciarini/Leemage.
35. Inondations au Pakistan, août 2010 © Jens Grossman/Laif-Réa; malongs, disciples soufis au Pakistan © Serge Sibert/Cosmos.
36. Bords du Gange © Pal Teravagimov/Shutterstock; jeune tigre du Bengale © Eric Isselee/Shutterstock.
37. Déesse du Gange, Ganga, à Varanasi © Andrew Holbrooke/Corbis; mangrove des Sundarbands au Bangladesh © Mustafiz Mamun/Majority World/Biosphoto.
38. Inondations au nord-est du Bangladesh © Laurent Weyl/Argos/Picture Tank.
39. Yangzi Jiang à Chongqing © Lifen Chau/Featurechina-Ropi-Réa.
40. Quartier des affaires à Shanghai © Dorothea Schmid/Laif-Réa; le dessinateur Hergé et son ami chinois Tchang © Keystone/Gamma-Rapho
41. Province du Yunnan © Bruno Morandi/Hémis.fr; temple de Confucius à Nanjing © Ryszard Stelmachowicz/Shutterstock.
42. Grottes boudhiques de Longmen près de Luoyang © Wang Song/Afp; figure de Kung-fu shaolin © Christophe Boisvieux/Hemis.fr.
43. Lit asséché du Huang He à Zhengzhou © Eyepress news/Afp image forum ; le Huang He près de Xi'an © Xinhua/Zuma/Réa.
44. Paysanne dans une rizière du delta du Mekong au Vietnam © Mark Henley/Panos-Réa.
45. Nettoyage d'un éléphant en Thaïlande © AustralianDREAm - Fotolia; fête de Pi Mai à Luang Prabang, Laos © Michel Troncy/Hoa-Qui/Gamma-Rapho; Tonlé Sap, Cambodge © Yvon Travert/Photononstop.
46. Temple de Philae dédié à Isis sur l'ile d'Agilkia en Égypte © Paule Seux/Hémis.fr.
47. Bateau royal, Égypte © Aisa/Leemage; hutte dans les marais autour du Nil Blanc au Sud-Soudan © Yann Arthus-Bertrand/Altitude; les chutes de Kabalega, Ouganda © Oleg Znamenskiy/Shutterstock.
48. Barrage Atatürk en Turquie © Ed Kashi/Corbis.
49. Lit asséché de l'Euphrate © Hadi Mizban/AP/Sipa
50. Troupeau traversant le fleuve Niger © Chris Brown/Réa; village dans le delta du Niger © Remi Benalli/Hemis.fr.
51. Mosquée à Tombouctou, Mali © Henri Tabaran/Afp; installation pétrolière dans le delta du Niger au Nigéria © George Steinmetz/Cosmos.
52. Cultures le long de l'Indus au Ladakh © Frank Guiziou/Hémis.fr.
53. Pêcheurs sur le Mékong au Vietnam © ImageBroker/ScopeImage.
54. Barge sur le fleuve Congo entre Kinshasa et Kisangani © Sven Torfinn/Panos-Réa.
55. Pêcheurs wagenias © Andrew McConnell/Panos-Réa; okapis © Jurgen & Christine Sohns/Flpa/ Biosphoto; femelle gorille et son petit © Eric Gevaert/Shutterstock.
56. Les chutes Victoria entre la Zambie et le Zimbabwe © Pierpaolo Romano/Shutterstock.
57. Fête du Kuomboka en Zambie, photo Wikipedia/Droits réservés; hippopotames dans le Zambèze © Sergey Uryadnikov/Shutterstock; affiche du film: «Stanley et Livingston». Droits réservés.
58. Gomiers rouges sur les rives du Murray © Peter Walton Photography/Getty images; péninsule Sir Richard et Murray © Jean-Paul Ferrero/Auscape/Corbis.
59. Lit asséché du Lac Hume, bassin du Murray © Robert Cianflone/Getty images/Afp; kangourou et son petit © Smileus/Shutterstock; enfants arborigènes © Penny Tweedie/Corbis.

Sites à consulter

Les fleuves du monde
www.arte.tv/fr/les-fleuves-du-monde/3328648.html
Colorado, Niger, Okavango, Urumbamba, Mékong… la chaîne franco-allemande propose un tour du monde des fleuves avec de très belles photos.

L'eau en danger
www.arte.tv/fr/l-eau-en-danger/2460298.html
Un dossier très complet sur les menaces qui pèsent sur l'eau douce et une carte des principaux conflits liés à l'eau.

Parcourir les grands fleuves
www.consoglobe.com/grands-fleuves-monde-4389-cg
L'association Consoglobe propose une visite guidée des grands fleuves de notre planète.

Partage des eaux
www.partagedeseaux.info/spip.php?page=sommaire&lang=fr
Partage des eaux, un site de ressources et d'informations pour une gestion juste et durable de l'eau, suit toute l'actualité qui concerne l'eau douce sur notre planète.

Des eaux disputées
www.disputedwaters.com/
Ce site, en anglais, suit le parcours des plus grands fleuves du monde et met en ligne de magnifiques photos.

Direction éditoriale : Thomas Dartige
Édition : Françoise Favez
Direction artistique : Elisabeth Cohat
Illustration, conception graphique et réalisation :
Marguerite Courtieu
Conception de couverture : Marguerite Courtieu
Coordination iconographique : Isabelle de Latour
Iconographie : Perrine Dragic
Carthographie : Paul Coulbois
Fabrication : Christophe de Mullenheim
Correction : Emmanuel de Saint-Martin et Isabelle Haffen